shiitake's
room

しいたけ.の部屋

ドアの外から幸せな予感を呼び込もう

しいたけ.

KADOKAWA

しいたけ.の部屋

ドアの外から幸せな予感を呼び込もう

はじめに

こんにちは。しいたけ.です。

この本を手に取っていただき、ありがとうございます。

「しいたけ.の部屋」とこの本に名づけたのは、アルバイト先の控え室とか、学校の部室みたいな場所にしたかったからなのです。

僕にとっては、学生時代に働いていたファミレスの休憩所がそういう場所でした。

自分がバイトのシフトに入っていないのに「暇だから遊びに来ちゃった」と言って入ってきて、ただ黙ってソファに座り、携帯をポチポチいじって過ごしたりする。それでお店が混みはじめたら「俺手伝いますよ」とちょっと手助けして、飽きたら帰る。誰かが「明日初めて彼氏に食べさせるから」と持ってきたカレーを試食させられて、「これ、まずいですね」と言ったら、作った子が泣き出してしまった……とか。ルール的にはNGだったのかもしれないけど、出入り自由な空間でいつも不器用な人たちが集まっていました。

来たいときに来て、帰りたいときに帰る「用がないのに居られる場所」って、すごく大事だと思うのです。誰かや何かによってそこに居させられるわけではなくて、なんとなくそこに溜まりたくなるような心地良い温度に保たれた場所。

この本もそういう部屋になって、ほっこりしてもらえたらすごく嬉しいのです。

バイト先の控え室や部室の空気をみんなで大切に暖めていくみたいに、この「しいたけ．の部屋」もみなさんと一緒に育てていけたらと願います。

しいたけ．

もくじ

第1章　チャーハンに信頼される人になる
（運を味方につけるには）

第2章 ドヨーンの乗り越えかた
（逆境や疲れたときの回復法）

相談編

第3章

心の温度を上げていこう

（恋愛・愛情問題）

相談編

第4章 用がないのに居られる場所を見つけよう（人間関係と処世術）

相談編

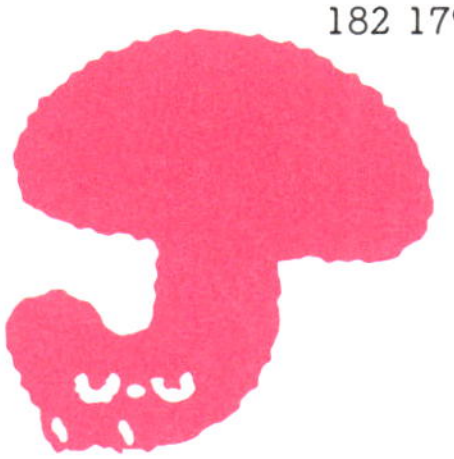

第5章 五感タイプを知ろう

（自分の軸を持つ）

第1章

チャーハンに信頼される人になる

（運を味方につけるには）

20代半ばくらいまで中華料理を出すファミレスで働いていたのですが、そこで僕は「チャーハンに信頼される人になる」ことを目標にしていました。

アルバイト生活を長く続けて「こんなことしてる場合じゃないんじゃないか」という焦りが出てきたときに、とにかく「誰かや何かに応援してもらわなきゃいけない」と、なぜだか知らないけど直感的に思いました。

そこで手始めに、毎日何度も炒める「チャーハン」を愛することにしたのです。何もない自分だからこそ、他人や運のような力に後押ししてもらわなければならない。まずは自分が作るチャーハンやお店の仕事にしっかり向き合って、信頼関係が作れたら、何か背中を押してもらえるんじゃないか。そう考えながら僕はチャーハンを炒め続けました。

結果、運命に愛されたかどうかは断定できないけど、あながち間違いでなかったのかもなという気がしています。今になってわかったことですが、仕事って自分で作るものでもあるのだけど、他人から任せられるものでもある。「あなただったら、こういうことを頼みたいんだけど」と誰かに渡されるものでもあります。じゃあその人が「この人に託したい」ってどういうところで見ているかというと、

「この人だったら渡したものをバカみたいに大事にしてくれるんじゃないか」とか、そういう確信だったりする。ひとりの人の才能は有限なので、それを補ってくれるのはやっぱり身近にいる人たちでもあるのです。

観葉植物が喉を渇かさないように、適度に水を与え続ける。

誰も見ていないところを綺麗に掃除する。

自分のもとにやってきたチャーハンをちゃんと愛情を込めて炒めて、誰かに渡していく。そんな小さくて細かな信頼関係を続けていって、いつか「この人なら大丈夫」と誰かや何かに応援される力の源になる。

「運が良い」とか運命を動かす力って、奇跡を受動的にもらう力のことではなくて、信頼関係を大事にしていたら、あるとき「この人なら」と大きなプレゼントを渡されることなんじゃないかと個人的には考えています。

あるものをバカみたいに愛して、「いや、好きでやってんだからやらして」と見返りや評価を求めない真心を込める。運って、そうするうちにどこかでその人の雰囲気になって身についてくるものなんじゃないかと思っています。

幸運は「喧嘩上等の人」にやってくる

占い師をしていると、生きていて「不思議な出来事が起こりやすい人」や「ピンチなのにチャンスに変わっちゃった人」、「なんでそんなに運が良いんですかね」という人に出会うことがやっぱりあります。

それについては、**「運命は操作ができないものだけど、努力によって愛されることはできる」**というのが僕の持論です。逆に言うと「運命の半分は自分で決められるけど、もう半分は〝逆らえない流れ〟ってあるんじゃないか」と考えています。

野球でミットを構えて「スパーン!」と、予想通りまさに〝ここ!〟というストライクゾーンに入る球より、「スパーン!」からちょっとズレたところにきた球のほうが「運命」みたいな。「え、これ?」みたいなことなんじゃないかと思うのです。

「自分がやりたいこととはちょっと違うなぁ」と思いながらも、「あー、でもなんかこういうことなわけね」って、厳かな気持ちで受け取るようなもの。

そして、これはハッキリと言いたいのですが、**運命に愛される人って「喧嘩上等の人」なのです。**いきなり乱暴な言いかたでごめんなさい。でも本当にそうなのです。なぜなら幸運や運命の多くは、大部分が「え、無理」って今までの自分の限界を超える形でやってくるからです。

たとえば、走り高跳びが自己ベストで50センチまで跳べるとします。でも、幸運や運命と呼ばれるものは「え、あなた70センチ跳べるでしょう?」と問いかける形でやってきます。場合によっては「3メートルいけるでしょう!」とクレイジーな要求をされることもあります。そのときに「上等じゃねぇか」とか、「よし、やってやる!」と血が騒ぐ人が運命に愛されるのです。

で、一応言っておきますが「喧嘩上等の人」とは「喧嘩っ早い人」のことではないですからね。駅で誰かに足を踏まれて殴りかかろうとする人ではないのです。そうではなくて「あー、これはチャンスってやつだな。自分の全身全霊を懸けて臨まなければいけないだろうな。よし、やってやる!」と、襟《えり》を正して決闘に挑むような心境になれる人のことです。「絶対に勝ってやる」という意気込みのもとに。

ここにちょっと補足があって、「よし、やってやる!」と思える〝血が騒ぐ感覚〟は、他人から刺激されて生まれるものではありません。良くない投資話などに「ここで100万円賭けないでどうするんですか？　その程度ですか？」と挑発されて、乗せられるのとはわけが違います。「ここは自分を懸けて戦わなければいけない」と自発的に感じることです。

16世紀の政治思想家のニコロ・マキアヴェッリは、「運命は、冷たいほど冷静に対してくる者よりも、征服したいという欲望を露《あら》わにしてくる者のほうに、なびくようである」（塩野七生『マキアヴェッリ語録』新潮文庫）と述べています。遠慮をするよりも、果敢に「欲しい」と言い切れる人に幸運がやってくるというのです。

僕が相談に応じた経験から言うと、実は**「悩みが深い人」や「悩みからずっと抜け出せない人」って、人生の中であんまり喧嘩をしてこなかった場合が多い**のです。

たとえば、彼氏の浮気に悩んでいて「彼氏が変わってくれない」と落ち込んでしまう人は、たまには「は？　何言ってんのおまえひっぱたくぞ」と相手に正々堂々、喧嘩を挑む勇気も必要です。いわゆる「なめんじゃねぇ」精神ですね。**「やってやったぜ、このやろう！」とたまには言ってみてください。**心当たりのある人は今からでも全然遅くありません。人生に喧嘩を取り戻してみてほしいのです。

運命に愛される人は、ボコボコにされたとしても「戦ってやった」と笑っている人です。戦い、そして笑ってください。そういうあなたはちゃんと運の世界からも人の世界からも、敬意を表されます。

怒ることや戦うことは野蛮とされがちなのですが、「自分がこれまで築き上げてきた人格や誇り」が汚されようとしているとき、人は戦わなければいけません。たとえその戦いに負けたとしても、「戦ってやった。立ち向かった」という記録は残ります。とはいえ、やむをえず怒りを封印してきた人もいるかもしれないので、むやみに「戦え！」なんて言うのは暴論です（すごく自分が消耗する相手だったら、戦うよりも逃げてください）。

好きな人に振られて「振られた。悲しい」と言うのはOK。でも、「また振られた。どうせこういうタイプの人間は誰からも好かれないんですよね」って、自分をけなしたり、決めつけちゃったりするような言葉を使うと運って下がってしまいます。

「あーあ。もう良いことないわ」と愚痴を吐いたとしても、**一日を終えて夜、ベッドや布団に入る前には「このままじゃ終わらん。ギタギタにしてやる！」などと、温度が上がるセリフをあえて言っていくこと。**そうすると運気が上がっていきますよ。

良い波と悪い波

運って波があります。

致命的なダメージになるほどではないけど、ちょっと悪いことが重なったりして物事の明るいほうを考えられず、気づいたら「ドヨーンと沈んでしまっている」なんてことはどうしてもあります。悪い波がきていて、それがボディーブローのように効いているときって、

・本来は楽しめる出来事なのに「なんか行きたくない」と思ってしまう
・最近、会う人が連続で感じが悪い（ひどい言いかたですね）
・最近、会う人が連続で波長が合わない（ひどい言いかた、すみません）
・期待していたものが「あら」と肩透かしを食らう
・何か嫌な予感がするところから悪い知らせが届く

あんまりこういうことを並べると気分が滅入りますが、だいたいこんな感じです。運って、好調と不調が波のようにやってきて偏りができてしまうことがあるのです。

僕が思うに、運の悪い波にさらされているときの最大級のデメリットは、**「気づかないうちに、物事の悪い顛末ばかりを想像してしまうようになっている」**ということです。

そしてここからが恐ろしいのですが、物事を悪いほうへ考える「ドヨーンモード」のまっただ中で起こすアクションや言動は、想像通り「悪い結果」に結びつく可能性が高くなってしまいます。

なぜそうなるかというと、よっぽど修行を積んだ人じゃないかぎり、人は自分を困らせたものや怒らせたもの、傷つけたもの、手を煩わせたものを、ドヨーンモードのときほど「許すこと」ができません。自分に害を与えたものに対して、一種の「復讐行為」をしたいと思ってしまう性質があるからです。

ほら、SNSなどでも、どう考えても自分と性格が合わない人とか、過去に直接悪口を言われた相手って「放っておくこと」が難しかったりするじゃないですか。それって、悪い方向に好奇心が湧いていて「私を煩わせた人の顛末を見届けたい」という復讐心からなのです。

ドヨーンがドヨーンを呼ぶ。

この状況って、誰でも日常レベルで体験したことがあるんじゃないかと思います。

では、「ドヨーンモード」に陥ったらどうすればいいのか。すごくシンプルだけど、やるとやらないではけっこう大きな差が出る簡単な方法があります。次の①～⑤をぜひやってみてください。

①自分の体を胸を中心に、左右半分に分けて考えます。

②体の左右のどちらかを「良い波」「悪い波」とします。たとえば、右半分が良い波で、左半分が悪い波というふうに。

③振り子のように、ぶらーんぶらーんと揺れる球体みたいなものがあって、左右の良い波と悪い波の間を行き来しているとイメージします。

④今の自分の状況を思い浮かべて、「良い波は何％で、悪い波は何％か」を感覚的に決めてみてください。合計が１００％になるように。「今日は良い波が20％で、悪い波が80％ぐらいだなぁ」などと割合を数値にすること。

⑤そして、良い波のほうには何があるのかを具体的に挙げてみて、ちゃんと確認する。悪い波の割合が多かったとしても1、2個でいいので、良い波に分類される事柄を必ず見つけてください。見つかったら、「あ、幸せな部分もあるんじゃん」とつぶやいてみましょう。

今、僕の目の前には色鉛筆があって、それを眺めて「綺麗だなぁ」と感じたのですが、こんなことでも良い波のほうに加点していいのです。自分の心から少し離れて、客観的な数値を出すだけでもかなり違ってきます。「観察」という行為にもあたるからです。

自分が抱いているドヨーンやモヤモヤって、何の処置もしないでいると呑み込まれて、**100%悪い波になっていきます。**

ドヨーンモードは危険です。

悪さとかモヤモヤに対して「復讐したい」という気持ちは人情としてはわかります。でも、線引きをしないとかなりズブズブいってしまう。復讐行為って楽しいから。ただ、その楽しさは影のある楽しさなのです。

だからこそ、上機嫌な人って強いんですよね。「あら、そんな人いたっけ？　悪口言われたみたいだけど忘れちゃった。あははは〜」とそんなことがあったのを忘れて、復讐にとらわれずに自由でいられるから。

もちろん全部が全部、復讐行為はダメ！　と聖人のようなことを言いたいわけではなくて、ドヨーンは気をつけないと精神的な健康を害していくということをわかっておいてほしいのです。

ドヨーンはドヨーンを呼ぶ！

みなさま、自衛してくださいませ。

ハズレクジは引く人にやさしい

占いの仕事をしていると、いわゆる「成功した人」に共通するものってあるんじゃないかと思います。

それがどういう人かに触れる前に、まず「成功」の定義をしたいのですが、**「成功」とは、ある程度の努力を続けてきた個人にチャンスや状況が整い、「当たりクジ」を引くということ**だと思うのです。

たとえば、この前、プロフェッショナルな人の仕事ぶりに密着するドキュメンタリー番組を観ていたのですが、その中で広告のデザイナーが出ていたのです。今ではとても著名な方なのですが、「どうしたら売れるんだろう」ということを毎日悩んで仕事をしていた下積みの日々があったそうなのです。だけどある仕事に出合ったときに感じ入るものがあり、「今まで培ってきたノウハウやテクニックを全部そこで駆使した」ところ、すごく注目を浴びたそうなのです。

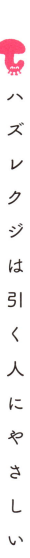

この例でもそうだと思うのですが、**「成功する・しない」って、「当たりクジを引く前に、どれだけハズレクジを引いてきたか。そして、そのハズレクジをどのように扱ってきたか」が試されているんじゃないか**と思いました。

「当たりクジ」って、実際の生活の中では仕事でもプライベートでも「10本〜20本のうちに1本」だけ入っていればいいほうだと思います。

で、面白いことにこの「当たりクジ」って、実力がないうちに引いたところでそんなに大きな「当たり」には結びつかなかったりするケースが多いし、偶然良い結果を出せたとしても「大きなものをつかまなきゃ」とかえってプレッシャーになり、その人を苦しめる重荷になることもあります。

その一方で、ハズレクジって引く人にやさしいのです。言葉は悪いけど「ハズレ」だからこそ適度に力を抜くこともできる。だから、ハズレクジを「これは自分がやりたかったことじゃないんだよなぁ」とか、「あんまり好きじゃない」と言ってむげに排除するのではなくて、「新しい経験ができるかもな」という気持ちで取り組んだほうがいい。

運に強い人って「これはこれでアリ」と言える人です。それまでの人生でハズレクジをどのように扱ってきたか。ハズレクジを捨てずに丁寧に扱ってきたのなら、その人が持つ実力以上に「ものを見るやさしさ」が備わっていくようにもなります。

切れ味が鋭い、議論に負けない、自分の主張を通すことができるといった能力って、「人生で当たりクジ」をたくさん引いてきた人に多く見られる特徴でもあります。そういう能力に長《た》けた人のデメリットは、「失敗できない」というプレッシャーを常に背負っているところ。でも、ハズレクジを引いてきた人なら「失敗しても、フォローをしてくれる人がいるから今日まで続けてこられた」と感じることができます。

短期戦で勝っていくのか、それとも人生という長期戦で「ほどほどに勝ち続ける」か。

それは個人の性質があるから、どちらがいいとは言えませんが、「わー、これ本当はやりたくなかった。だけど、これも何かの縁で新しい経験になるかもな」という態度で扱うハズレクジは、自分の幅をきっと広げてくれます。

そのうえでつかむ「人生の当たりクジ」は最強なのです。

チャンスは逃しましょう！

人生のある時期に、大きなチャンスがやってくることがあります。

・プロジェクトリーダーを任される
・重要な会合で幹事をやることになった
・憧れの〇〇さんと急に会うことになった

古代から偉人たちが言ってきたように、たいがいのチャンスって「こちらの準備ができていないうち」にやってきます。**チャンスとは「今まで向き合ったことのない責任が、新しくやってくること」**と言い換えることもできるのです。

そんなチャンスが突然やってきてしまったら、どうするか。これは、基本的に胃腸が弱く、プレッシャーを感じるとすぐにトイレに駆け込む僕の座右の銘なのですが、**「チャン**

ス は 逃 せ！」 なのです。

チャンスは逃しましょう！

ちょっと変な言いかたですが、ちゃんと説明していきたいと思います。

まず僕らの多くの日常は、アスリートや格闘家のように「この勝負を逃したら敗退」というような特殊なルールのもとには置かれていません。毎日100点を取らなくてもいい世界なのです。

たとえば、その日仕事で失敗をしてしまって30点の出来だったとします。でも、そのミスを誠心誠意謝り、その後のフォローも一生懸命やれば、誰かから「あの人は信用できる」という評価をもらったり、挽回して「予想もしなかった100点」をもらえたりすることもあります。

そもそも人はチャンスで何を満足させたいのかというと、自分に自信がないうちは与えられたチャンスに応えることで「自分は大丈夫」という安心感を得たいとか、プライドを満たしたい気持ちが勝ると思います。もちろん、それは間違っていないです。

ところが、多くのチャンスに恵まれてきた人って、「プライドを満たすため」というより、「関わっている人たちに喜んでもらいたい」とか「新しい体験をしたい」など利他的なことを目的にしている気がしてならないのです。

巡ってきたチャンスを活かして大勝利にできたか、もしくは失敗したかという「結果論」って、時間が経つと周囲の人たちは驚くほど簡単に忘れていきます。でも、結果ではなくて「チャレンジし続ける」という姿勢はつねに誰かに見届けられ、応援されることにつながります。**チャンスによって与えられる結果に怯《おび》えるより、ただ夢中でやり続ける自分でいたほうがいいのです。**

つまり、何もせずにチャンスを逃すよりは、結果的にチャンスを逃すことになったとしても挑戦したほうがいい。挑戦するなら、安心して「チャンスは逃せ！」なのです。

チャンスって、「自分が変わるための機会が、外からやってくる」こと。平穏だった湖面にいきなり大波がきたかのような波紋が広がります。だから、はじめはやりたくない。だけど「やりたくない」という気持ちのままずっと取り組んでいると、せっかくのチャンスが自分を苦しめていくものになってしまいます。

今プレッシャーをものともせずチャンスを嬉しそうに迎えている人だって、はじめは怖くてちびってたと思うんです（笑）。それでも、挑み続ければ「面白くなってきた」とアドレナリンが出るように変わっていく。

チャンスを活かしていくためには、「あー、自分が変わるときがきたんだ。私にはできる。失敗したっていいんだから」って、自分に言い聞かせてみてください。

運を呼び込む春夏秋冬の迎えかた

普段から「いやぁ、私って運が良いなぁ」と口ずさんでいる人って、人生の総体を見たときに「運が良くなる」という部分ってかなり強くあります。

これって科学的にもある程度は立証されようとはしていて、たとえば「私は運が良い」と口ずさむ習慣を持っている人って、「自分の生活の中で、運が良い箇所を探そうとする」ということをやるからなのです。

「私は運が良い」と口ずさむことは、「自分の半径1メートル以内で生きる喜びを見つけようとする」ということです。「今日行ったお店、店員さんの受け答えが丁寧だった。私ってラッキー」って、**「小さな喜びの発見」をいちいち口にして、「私はラッキー」と受け止めることは本当に大切**なのです。

もちろん「すべてに対して運が良い」と結論づけるのは、バランスとしてやりすぎの面もあります。「今日は友達との約束を寝坊してすっぽかした。でも、これは『あの人とは会わないほうがいい』という啓示なのかもしれない」などと考えるのは、たしかにそういう可能性はゼロとは言い切れないですが、そこまでいくとやはりやりすぎという印象はあります。

そこで、僕が「運が良くなるための儀式」として提案したいのが、**「私の季節がきた！」というセリフを言っていくこと**です。

これってもう、この文章を読んでいる半分以上の人が「私は夏が好き！」とか、自分が好む季節のイメージがあるんじゃないかと思います。ぜひ、自分の好きな季節がきたら「私の季節がきた！」と言ってください。

ここでもうひとつおすすめなのが、**「多少苦手な季節」に対しても「私の季節がきた！」と言っていく**こと。そうすると、自分の性格で「弱点」だと思っていたところが自然と改善されていくのです。

たとえば、僕の占いの見立てによると、「冬が好きな人」だったら、少し出不精で人に合わせたくない性質があったりします。それでも6月ぐらいに「そろそろ夏だ。私の季節がきた！」と言っておくと、知らず知らずのうちに開放的になって、どこに出かけようかとワクワクしている自分が形作られていきます。

運の良さって、人でも季節などの目に見えないものに対してでも、「あなたに会えて良かった」ときちんと伝えられる温かい気持ちの中に宿っていくんじゃないかと僕は考えています。

ちなみにこれまでいろいろな人を見てきた経験から、春夏秋冬それぞれが好きな人の基本性格や特徴をちょっと挙げてみたいと思います。

【春が好きな人は……】

春は「咲く」季節。出会いやハプニングなど、人生の中で「ドキドキ感」をアクセントとして必要とする人。楽観主義的なところがあり、周りに頼りがいのある人がいると、「じゃあそれでよろしく」と仕事を全部任せたりして、ちゃっかりしているところがある。平和主義でギスギスするのは苦手。一緒にいる人たちが笑顔でいてくれると自分も幸せになる。「好きな人と一緒に出掛けること」がすごく好きで、遠足を心待ちにする子どものように、行く前からの時間も楽しむ。自分でお弁当を作るとか、人生の中で「楽しいイベント」を手作りしていくことに対して生きがいを感じる。

【夏が好きな人は……】

夏は「開く」季節。遊びでも仕事でも、手を抜かないで労力をかけて思いきり楽しむのが好きな人。いわゆる「いろいろ頑張った後のビールはうまい」という感覚で、ONも精一杯頑張って、OFFも精一杯楽しみたいという人。人とはまっすぐに、正直に言い合うことを求めており、ごまかす人が嫌い。隠しごとをされるのも苦手。「今度の休みどこ行く？」とたずねて「どこでもいいよ」と消極的な回答をされると一気に冷めてしまう。

【秋が好きな人は……】

秋は「結ぶ」季節。自分の楽しみのために「コツコツ」頑張る人。多少秘密主義のところがあり、好きな人も付き合う友人も「狭く、濃く」という感覚。おいしいものに目がなく、自分で調理もするし、外食も好き。美的感覚を大切にしており、「自分の人生の中でどれだけ美しいものに出合えるか」をテーマにしている人も多い。外に出かけるのも、家にいるのも好きだけど、いつも誰かと一緒にいると疲れるため、たまにはひとりになりたい気持ちも持つ。

【冬が好きな人は……】

冬は「閉じる」季節。「耐えて、しのんで、時期がきたら一気に逆転する」というような、独特の自己鍛錬の仕方と、若干のM気質を持つ。「別にすべての人に理解されなくても構わない」という、ひねくれた性格も持つが、自分の身内に対してはすごく温かい対応をする。外見はとっつきにくかったりすることもあるが、実は温かいという人の典型。自分のやりたいことを苦労してでも完成させる。他人からの干渉は苦手。

これは裏技なのですが、好きな季節を増やしたら、全部の四季に対して「私の季節がきた！」と言ってしまっても大丈夫です。それは、自分が知らない世界を「美しい」と言って出迎える歓迎のセリフだから。

巡ってくる四季に対して、「私はあなたが好きです。春はすべてがキラキラして見える出会いを。夏は開放的になって躍動する楽しさを。秋はおいしいものを食べるありがたさを。冬は自分を鍛錬する貴重な時間を。それぞれが、美しい」と伝えてみてください。

大器晩成型の運の育てかた

今でも忘れられない言葉があるのですが、中学生だった頃に社会科の先生が事あるごとに「あなたは大器晩成型だから」と言い続けてくれたのです。

「大器晩成」って、普段使う言葉ではないから漢語辞典で調べて四字熟語や漢詩の世界に興味を持つきっかけになったし、何よりも僕自身が人一倍不器用であったので、「自分は○○先生が言ったように早熟ではない。30歳を過ぎてからが勝負だ」と、自分の中でなんとなくこの「大器晩成」という言葉を温め続けてきました。

この言葉によって何度救われたか。辛いときや、もがいてもなかなか成果が出ないときに、「あなたは大器晩成型だから」によって「よし、負けない」と気持ちを切り替えることができたような気がします。

あれから時間が経ち、大人として社会で暮らしていると、僕が子どもだった頃よりも今のほうが「年齢が若いうちに結果を出していかなければいけない」というプレッシャーは増していると思います。それ自体は別に良いも悪いもないのだけど、日常のつぶやきに対する「いいね」の数で差がついたり、LINEでつながる友達の数に差がつくような現実もあったりします。だからこそ、これを読んでくださっている「不器用組」の人にお伝えしたいことがあります。

大器晩成型の運ってあります。

10代、20代、または30代に入っても話題の中心に入ることが苦手であったり、急に指名されて人前に出たときにどう応えていいのかわからないとか、仕事でも「自分はなんとなく要領よくやれていないんじゃないか」というコンプレックスを抱えているという方。あなたは大器晩成型だと思います。

みんなが少しずつ年齢を重ねて、いつしかステーキよりも煮物のだしの染み込み加減にありがたさを見出していくときがきます。**今の社会では派手さよりも、やさしさや仕事の丁寧さで勝負していくほうが実は有利なのです。**SNSのように誰でも目立てるツールがあり、かつてないほど「目立ちたい」と考えている人が多い時代です。そういうときに、「傷を負って、不器用で、だからこそ他人の失敗や至らなさに対してやさしい目線を持てる人」は、確実に誰かを救っていくことになります。ステーキ道で「勝てない」と思ったら、煮物道を究めていってください。


「○○さんにはいつも助けられている」

「これ、お土産買ってきたんで」

「いつも頼りにしてます。また相談させてください」


こういう言葉をかけてもらえるようになってきたら、あなたの大器は育っています。

うまくいかないことが多かった人って、チャレンジをし続けてきた人なのです。そういうあなたのやさしさは、同じようにチャレンジをしていく人を救うことになります。

「困ったらお互い様だから」と誰かを助けたり、自然に自分が助けられたりできたとき、あなたの花は少し遅い開花を迎えます。

遅めに咲いた花は、「みんなのおかげで咲き続けられる」という理屈を知っているから、ちょっとやそっとのことでは枯れない花になります。

ご縁の半分は勘違い

「ご縁」って言葉があるじゃないですか。

この言葉は就職活動をしていたときや、好きな人にアプローチしたときに「今回はご縁がありませんでしたので」というお断りの定型文で使われまくってきたので、個人的な恨みが多いのです（笑）。ご縁といえば思い出すのが、大学1年生のときの「世界の美術」という授業のことです。その教授が少し変わった人で、

「美術館に行って直接絵を見てきてください。絵は不思議なんです。会いに行って、好きになって敬意を持って知ろうとし、絵に対して自分を開いた人にのみ本当の姿を見せてくれるのです」

とよく言っていたのです。18歳の僕は「絵が心を開くなんてあるわけないじゃん。好き

になったら本当の姿を見せてくれるって、クリィミーマミかよ（古い）」と美術館に行かずに家でずっとゲームをしていたため、単位を落としました。

それでもなぜか教授の話が忘れられず、次の年にもう一回受講して、改心して美術館に行ってみたんです。ちょうどそのとき大好きなドイツのロマン主義の画家、カスパー・ダーヴィット・フリードリヒとポール・デルヴォーの展示がありました。

美術館では、まずはよくわかんないけど、ピンとくる絵に心を開いてみようと思いました。画家はなぜこの風景を選び、どういう気持ちでこの線を描き、景色がどう見えていたんだろう？　と問い続けました。

それをずっとやっていたら、だんだん自分が惹かれる絵は、どこかでこれまで大切にしてきたものと一緒の感じがしたのです（極道映画で「兄弟！」って抱きつく感じのやつ）。ご縁とは、実はこんな感覚のことをいうんじゃないかと思いました。

絵に対して「何かある」と感じて心を開き、嘘偽りのない自分を示し続けていると、「この人なら、私のことをわかってくれるんじゃないか」と向こうから（絵のほうから）やってくる。自動発生的なものではなく、この「出会いがもたらす意味」を必死で知ろうとしていたら訪れる。

僕はご縁って、半分は勘違いだと思います。勘違いかもしれないけど、出会いの意味を見つけようとすることで生まれるもの。

だから、**ご縁を遠ざけるのは「どうやったら〇〇できますか？」という言葉**だと思います。「どうやったら〇〇できますか？」って方法論やすでにある解答を写そうとしていて、「出会いがもたらす意味」を問うための物語が発生しないから。

「この人（もの）と出会ってしまったから、昨日までの自分ではいられなくなった」という体験をして、その意味を知るために必死になる自分を示していかないかぎり、縁って「ご縁」になっていかないのです。

問い続けずにはいられないもの、どうしても問い続けなければいけないことが愛だから。

ラッキーカラーで知る自分の転機

12星座占いをやっているので、「この星座の人の今月のラッキーカラーはこれ」とか、ある色をおすすめすることがあります。

たとえば、乙女座の人は誰かを「パッ」と見た瞬間に「この人はどの程度困っているか」を見抜くセンスが優れている。だから、困っている人を引き寄せてしまう習性があるのですが、それが強くなりすぎてしまっているときは、ブルーや黒のように「空間を締める色」を身に着けるようにラッキーカラーとして提案するのです。

だけど、実際にファッションや小物で自分が取り入れる色って、実は固定されている場合が多いのです。「私はピンク似合わないから」と避けたりする色って決まっていたりするし、黒が好きな人は黒ばかり買ってしまう傾向があったりします。

好みのほかにも、通勤に使うバッグやスーツの色は職業や社会生活によって制限を受けることもあるし、一家のお父さんが念願の車を買ったとして、「ラッキーカラーだから」

といって金色に塗り替えたりしたら、家族が和気あいあいと乗る確率はかなり低くなります。

色は思ったよりも自由に扱えないし、基本的には「本人が好きな色」を身に着けるのが一番いいというのが、カラーを使った占いの仕事をしている僕の実感です。

でも、人の色の好みにはすごく興味深い傾向があって、それは、

「転機を迎えるとき、その人の色の好みが変わる」

ということです。髪をすごく明るい色にブリーチしていて、服装も派手めだった人が、急に髪をダークブラウンにして、話しかたも落ち着いた感じになった。そういうふうに雰囲気が変わったあと、数か月か早い場合は1か月ぐらいで、その人の人生で今まで経験したことがないような出来事が起こったりするのです。

雰囲気が変わったから、今まではなかったことが起きたのか。

それとも、大きな変化が起こる前触れとして、本人の好みが変わったのか。

「鶏が先か、卵が先か」の議論になるのですが、**「普段の自分だったら気づかない変化」であっても、惹かれる色によって直感的に、先取りして気づいていくことは可能**であった

ります。

たとえば、紫という色がなんとなく心落ち着くように見えてきたとき。

紫は伝統や歴史的に続くもの、そして、物質的なものよりは「自分や周りの笑顔のために」とか、精神的な喜びを自分の軸にしようとする心境で選ばれる色です。

赤は情熱や勝負のとき。

ピンクは若さや可愛らしさ。

黄色は直感や好奇心。

オレンジは「好きなことをやってみよう」。

グリーンやエメラルドは心に余裕が出てきて他人に頼りにされ、ネイビーは他人に左右されずに自分の軸を持とうとするとき。

青は「すべてには関わらず、取捨選択しよう」とする勇気。

水色やターコイズは解放を望み、茶色は責任や守るべきものを持つこと。

黒は自分の世界観を大切にする。

白は、今の目の前にある運命を大切に扱う。

金色は特別になっていくことを望み、銀色は脇役の美学を自分に課す……。

「あ、この色綺麗だ」とハッと気づくとき、もしかしたらここに挙げたような気持ちの切り替えが、あなたの中で起こっているのかもしれません。

そして、今の自分が求める色や、次に成長していく自分の方向性を示すカラーを気軽に知るのにちょうどいい方法があります。

入浴剤やバスソルトのパッケージを選ぶことです。

バスタイムって、衣服を脱いでその日や長く溜まっていた疲れを落とす時間です。まさしく、その人の裸の時間。だからこそ、普段の「私はこうでなければ」という武装が解けて、自分が選びたい色を選べる利点があります。

また、入浴剤やバスソルト類は「少し元気になりたいとき」にはオレンジ色のパッケージとか、メーカーによって色のバリエーションが豊富です。各種揃えて、その日の気分に合わせて選び、バスタイムに色をつけて今の気分を知るのはとてもおすすめです。

もしよければ、色を取り入れた素敵なバスタイムを過ごしてみてください。

ノってる人の服装と髪型

髪型や服装、そして外見などによって「この人の運は上がってきている」、もしくは「この人の運ってちょっと停滞しているかも」とある程度判断をすることはできます。

これは別に僕だけの特殊能力とかではなくて、いわゆるスナックや酒場、そして美容院など「お客様商売」をしている人なら目の前のお客様が「元気か」とか「調子が悪いか」って、経験からなんとなくわかると思うのです。

今のあなたが良い運の波に乗れているか、運が上がってきているかどうか、それを自分でチェックするシンプルな質問があるのでちょっと考えてみてください。

1. 美容院に行ったら「今日、ちょっと髪型いつもとは違うものにしてみません？」と提案された。
2. 仲のいい友達に「ちょっと今度一緒に洋服を買いに行こうよ。あなたの服も見てあげる」と言われた。

はい。このふたつのシチュエーションがあったとして、あなたの「拒絶度」ってどれぐらいだったでしょう？

拒絶度100「絶対無理！　意味わかんない。介入してこないでほしい」
拒絶度80「とりあえず説明は聞いてみます。でも、髪型とか服装を変えるタイミングは自分で決めたいから参考程度にします」
拒絶度50「うーん。たしかに外見の印象について他人のアドバイスを聞いてみたいな。変化するのもありかも」
拒絶度30「ちょっと怖いけど面白そう！」
拒絶度0「私どんなのが似合うかな!?　すごく嬉しい！」

どうでしょうか。「拒絶度が80未満にあるかどうか」が、運の波に乗れるかどうかの目安になります。「変えるかどうかは自分で考えて決めたいけど、他人から見て私に何が似合うかは興味がある」という状態ならひとまず合格ライン。

髪型や服装って、その人のアイデンティティと深くリンクするものであり、他人が容易に入っていくのは難しいです。だから、「髪型を新しいものにしてみようよ」と言われて、実際に変えることが重要ではないのです。

外見に変化をもたらす誘いに対して、「え、面白そう！」とか「他に何が似合うかな」などとノリ良く応えられる人は、「運に乗ろうとしている」人なのです。突然やってきた変化の波に新しい可能性を感じて好奇心を寄せられるか、かたくなに〝昨日から続く私〟を守るモードにあるのか。それは運に乗れる人かどうかを測る大事な基準になるのです。

もしも、拒絶度が80以上で「ちょっと変化を拒んでいるな」という人が変化の波に乗りたいなら、ちょっとだけ勇気を出して洋服屋さんに行って「私、何似合いますかね」って、やさしそうな店員さんに尋ねてみてください。そして、買わなくてもいいから試着をしてみてください。「自分ではチョイスしなかった洋服に袖を通す体験」は運の扉を開けてくれます。

また、店員さんや人にすすめられる色って、普段の自分なら選ばないものかもしれません。はじめは「いや、本当に似合うのかなぁ」と思っても身に着けていくと、馴染んできたときに新しい自分のカラーになっていくことも意外に多いのです。

僕の考えでは**ラッキカラーって「ちょっと恥ずかしい色」**なのです。髪型や服装を変えることに抵抗があるなら、普段自分が行かない街に行ってウインドーショッピングをしたり、カフェに入ったりするだけでも十分です。

運の扉を開く魔法って、「それ無理」よりも「面白そう！」のほうにあるから。

結婚運は茶色い匂いで現れる

僕は普段、「リーディング」という技術を使って占いをしているのですが、この技術はもともとインドの方から教わったもので、すごく簡単に言うと「人やもの、場所から発せられる匂いを、色の情報として変換する技術」なのです。その色のことは「オーラカラー」と呼んだり、「その人の本質を表す色」という意味で「ソウルカラー」と呼ぶこともあります。

ちょっとここで色と匂いの関係についてお話ししていきたいのですが、「匂い」というのは実際に鼻の嗅覚でとらえられるものだけでなく、雰囲気も含めたものととらえていただけたらと思います。

たとえば、**「結婚運」ってオーラカラーで言うと「茶色」が関係してきます。**

今までいろいろなお客さんを見てきて、「あれ、この人そろそろ結婚するかも」という人や、実際に結婚が近い人の匂いって、色にすると茶色なのです。茶色は「落ち着く」という色で「不安定」とは真逆の色です。

結婚以前、結婚にまだ遠い人は、良い意味でも悪い意味でも「とがって」いるのです。社会の中で己の力を試していかなければいけないし、自己証明をしなければいけないし、友達は友達だけど「ちょっとライバル」という面もある。そういうときは「少しピリピリする」とか「負けねーぞ」という匂い＝色として、体から赤系の色が出ていたりします。

この赤系の色がどういうものか、ちょっとたとえ話で説明しますので、想像しながら聞いてください。

あなたは、久しぶりに友達4人とお酒も交えたご飯を食べようとしています。あなたを含む3人が先に集まっているのですが、この3人は多少のんびり屋なところがあります。そこへ、残りひとりのA子が「ごめん！！！　ちょっと会議が長引いて遅れる！！！」というLINEを入れてきました。A子はいつもガツガツとしている戦闘系。メッセージの中にビックリマークが多いのです。

「じゃあ先にはじめていようよ」と言って飲み食いをして30分。

入り口のほうからドタバタ音が聞こえて「ごめん！　待った!?」とA子が登場しました。

そして、メニューをバサー！　と開き、「うわー！　赤ワインはこれしかないんだ！　じゃあとりあえずこの白ワインで！」と店員さんに頼んだ後、「ごめん！　1件だけメール返信しちゃっていい!?」とメールの返信をはじめました。

はい、もう「のんびり屋の3人で飲んでいたとき」と「戦闘系のA子が加わってから」の雰囲気って変わったでしょう？　赤系のオーラカラーの人って「周囲を駆り立てる」とか「スピードアップさせる」などの働きをするのです。「オラオラ」とか「早くしろや」という感覚ですね。

赤系のオーラは、特に「血気盛ん」な若者のときに出やすいものでもあります。若いうちはスピーディーな展開のスポーツに興味を持つけれど、中年になってマラソンやゴルフの奥深さがわかってくるように、10代や20代の頃って展開が遅いことがあまり好まれなくて、「悠長に話をする人」は「早く言ってよ」と疎《うと》んじられたりしますよね。

年齢によるオーラカラーというのがやっぱりあって、年をとるにつれて赤系からピンクや茶色に移り変わっていきます。

先ほどの戦闘系のA子さんのケースで言うと、彼女も恋をしたり、挫折をしたりして

「あー、世の中こういう人たちもいるんだ」と経験を重ねていくうちに誰かと出会って、「この人と一緒だったら、もうちょっと腰を落ち着けて協力して、長期的にいろいろなものを築いていきたいな」と思うことが出てくるかもしれません。

そうなると「自分のことを主張したい」だけじゃなくて「その意見はちょっとムッとするけど、相手が言っていることもとりあえず聞こう」とか、「テメエ何言ってんじゃ」とすぐに反論しないで「話を聞こう」という姿勢になってきます。その雰囲気のオーラカラーが茶色なのです。

お客さんで茶色のオーラカラーの人が来ると、席に座ったときに「良いことも悪いことも両方言ってください」と落ち着いた様子で話してくれたりします。

表情や動作がちょっと大人しいのですが、決して「頼りない」という感じじゃなくて、こちらの話に耳を傾け、静かに「先ほどこういうことをおっしゃいましたけど、もうちょっと詳しく聞きたいです」とゆったりと聞いてくれたりします。

茶色のオーラカラーを持った人と一緒にいると、「上質なソファーに座って、向かい合わせに話し合っている感じ」を受けるのです。

お金運は嗅覚と胃袋でつかもう

ちょっと怪しい話に思われるかもしれないのですが、**金運を高めたいと思ったら、なんでもかんでも出てきた料理に「おいしそう！」と言ってみてください。**「お、おいしそう！」とぎこちなくなる人は、はじめは小声とか心の中で言うだけでもいいです。

これからいただく食べ物に対して「おいしそう！」と顔を近づけて匂いを嗅ぎ、目を輝かせること。これは、クールな人たちからしたら多少下品な行為に映ると思います。

クールにしずしず食べるよりも、「おいしそう！」と思いきり口に入れて、ガシガシ噛み砕く。目の前にあるものをおいしそうに堪能することって「生命力」とリンクしていて、色気とかセクシーさにつながる話でもあるのです。

身近な話としても、好意を持つ人とふたりきりで食事をするときに、おいしそうにご飯を食べる人なのかどうか、その人の「食べっぷり」を気にする人も多いと思います。「食が細い人」を批判しているわけではなく、単純にそこだけ見れば「おいしそうにご飯を食べる人」のほうに生命力がありそうで、万が一貧乏という状態に陥ったとしても、ガシガシ働きそうというイメージはあると思います。もちろん、それは安直なイメージでもあるけれど。

実際、お金に縁がある人って、嗅覚と胃袋の感覚に優れているのです。胃袋の感覚とは、食欲に象徴されるように生きるために必要なものを自分の中に取り入れる積極性のこと。

これ、ちょっと大事な話なのですが、一般にお金や食べ物に対して、露骨に「おいしそう！」とか「欲しい！」という態度を表すと、「下品」という反応があると思うのです。「快楽」とか「人々に影響力を与えるもの」とか、いわゆる「パワー」に対して露骨な感情を表すことは恥じらいがないとされるって事実としてあると思います。その「文化的措置」はある程度正しいことだと僕は思っています。

でも、嗅覚に対して敏感な人って、そういう「面白そうな話」とか「自分に刺激や快楽を与えてくれる話」に対して貪欲で、「それ、何??」と顔を思いきり近づけて興味を持っちゃうんですね。多少のリスクを冒しても狩りに行ってしまう。

嗅覚と胃袋の感覚に優れていて、**お金に縁がある人の口癖って「とりあえずやってみようよ」**なのです。「狩りに出かけてなんとかする。面白そうなものはとりあえず食べてしまおう」という、どこか原始的な感覚を持っています。

そういう人たちって、他人と自分の境界線があまりないのです。「まぁ、みんなで食ったり飲んだりしようぜ」とホームパーティーをやるのも行くのも楽しみ、みたいな性質があります。

金運って「みんなを巻き込むことができる力」なのです（お金持ちってスキャンダルに巻き込まれることが多いでしょ？：）。もちろん「穏やかなお金持ち」もいます。穏やかなお金持ちは個人的な資産を増やすより世の中で面白いことをやろうとして、みんなにお金を回そうとする精神が強いです。

「おいしそう！」と声に出して言って、自分だけじゃなく一緒にいる人同士で分かち合うこと。すると「みんなを巻き込む力」につながっていきます。

金運への第一歩って明らかにそこからなのです。

人気運は体のどこを見ればわかるのか

これは、自分が今の仕事で使っている奥の手をいきなり紹介してしまうのですが、**人気運やブレイク運（金運も含む）って首筋や肩のラインの雰囲気に表れるのです。**女性だと「デコルテライン」といわれる場所も含まれます。

なぜそこに表れるのかというと、これは僕の意見なのですが、頭部も含む「顔」って、その人の看板なのです。今すごく人気がある人とか、波に乗っている人って、イメージでいうと「顔が何百ワットかの明るさで輝いている」感じなのです。その顔の輝きを支える土台が、首筋や肩のラインなのです。体のこの部分は「他人から見られる」ことによる独特の緊張感が表れてくる場所でもあるのです。

どうしても感覚的な話になってしまうんですけど、その人のことを占うときに「運が巡ってきているかどうか」を知るためにこの辺りを見ていました。**なんらかの理由があって今運が巡っていない人って、首筋や肩のラインが「ボテッ」としている。**そして、「何かあったときにすぐに反応できる速度の中にいない」のです。逆に、今調子が良くて「多少無茶してでも楽しんでやろう」と思っている人は、このラインが「俺を見ろ」という状態になっています。

こういうのって外見としてハッキリと形に出ているわけじゃなくて、雰囲気によって判別します。だから別に首筋や肩周りがたくましい人が良くて、それ以外の人はダメという話では全然ないのです。

では、今のあなたの人気運がどれくらいのレベルにあるのかを、自分でチェックするテストをしたいと思います。ごめんなさい。突然投げかけるのって「ビクッ」とさせてしまうから嫌なのですが、もしよろしければ付き合ってみてください。

テストは簡単で、予期しないところでいきなり「みんなで写真撮ろうよ」と言われた場合。もちろん、写真慣れしている人は決めポーズができるでしょうが、そうでない人だとちょっと「えー」ってなったりします。

そして、**いざ写真を撮るとなったときに肩がぐっと前に行く姿勢になれる人は、人気運が巡ってきている人**です。逆に、ちょっと後ろに引いてしまう人は、まだ準備ができていない状態です。

写真撮影診断って、けっこうその人の運気の判断になったりします。

だって写真撮影って、ヘアメイクさんがいるとか特別な場合じゃないかぎり、急に、しかも自分がどういう表情をしているか、撮影の瞬間はわからないものです。だから、恥ずかしいし、少し不安にもなる。

でも、「はい、じゃあ今から撮ります」というときに「逃げない」態度を取れるかどうかって、「人気運」や「金運」を受け止めるうえですごく大切になります。これらの運は、不特定多数の人から「この人なら大丈夫」とか「この人のことを試してみたい」と思われることで生まれる、いわゆる「コミュニケーション運」の一種なのです。

自分に自信がないことでも、誰かに頼まれたときに快く「私やってみるよ」と言える人って、もうその時点で人気運や金運では勝っています（もちろん、すべての頼まれごとを引き受ける必要はありませんが）。引き受けたことが「うまくいく」か「失敗する」か、その結果に関係ないのです。

もしも人気運や金運を上げたいのなら、「急な写真撮影のときに、私の首と肩のラインを見て！」と思えるようになるために、肩や二の腕のトレーニングをおすすめします。

「華がある」と言われたい

「あの人は華がある」っていう表現がありますよね。

古典芸能や役者さん、あるいは「野球の大会でスターになる選手」とか、どの分野でも何かわからないけど周囲の人を引き込む強い輝きを持つ人がいます。

僕は自主的に「華」の研究をずっとしてきました。というのは、今まで生きてきて、今でこそありがたいことに多少「しいたけ．」として華というか菌というか、そういうものを昔と比べたらまとってきたかもしれないのですが、以前は怖くて道の真ん中を歩けない人間だったのです。

「華」を初めて意識したのは、学生時代にやっていたアルバイト先でした。ファミレスの厨房で働いていたのですが、バイトにもやっぱり「スター選手」っているんです。

そこの控え室ではシフト表が壁に掛けられていたのですが、スター選手がシフトに入っているだけで「あ、今日〇〇さんいるんだ」ってみんなが明るい笑顔になる。その人が「おはようございます」と出勤したら、店長も「お、○○がいるのか。今日は安心して営業ができる」と頼りにする。そしてスター選手って、ずるいことにミスしてもあんまり怒られないんです（笑）。「お、次は頼むよ！」と軽く扱ってもらえる。

そういう「スター性」は、もちろん地道な努力から生まれることもあるんでしょうけど、やっぱり天性のものなんじゃないか、と当時の僕は思いました。仕事ができるとか、会話がうまいとか、容姿が良いとかじゃなくて、その人に注目して期待してしまう何かの力がある。**華のある人は、「いるだけで周りにいる人間のパフォーマンスも上げてくれる」**のです。

では、凡人でも華がある人になることはできるのでしょうか。

答えはYESです。なれます。

華を身につけるためにおすすめの方法があって、それはなんらかの作品や商品など自分が体験したものについて、お客さんとして「好意的なレビュー」を書くことです。ブログで行ってみておいしかったお店の料理について書くとか、観た映画について監督がこだわったであろう良いところを発見して書き残す、とか。製作者やサービスを提供する側って、お客さんがどう評価してくれているかがすごく不安です。完璧ではないし、反省点もあるかもしれない。それでも「ここが良かったです」と言ってもらえるとすごく救われます。**好意的なレビューを伝えることを地道に重ねていくと、やがて華のある人になっていきます。**

「え、そんなこと？」と拍子抜けしている人もいると思います。

でも「ただ褒めればいい」わけじゃなくて、原則として**そこに嘘があってはいけない**のです。「ここはとても頑張っていたんだけど、残念ながら今回そこはあんまり良くできていなかった。ただ、折れずに頑張り続けてほしい」とか、嘘をつかずに言うことも大切になります。

華がある人になるって「目立つ」ということだから、人よりも自分を磨いて注目を集める技術を伸ばしていけばいいんじゃないの？　と思ってしまいますが、それが違うのです。

イチロー選手が再び古巣のシアトル・マリナーズに呼ばれたように、華がある人は「いるだけで周りにいる人間のパフォーマンスも上げてくれる」のですが、世の中には自分のパフォーマンスだけが高くて、周囲にはそれほど幸せを分け与えない人が意外に多いのです。そして、そういう人は目立つけど「華がある人」とはやはり言えないのです。

華のある人は、周囲にいる誰かの良いところに敏感に気づいてあげられる人だと思います。だから、地道に「好意的なレビュー」を続けてほしいのです。続けていくと「この人は人を貶めるんじゃなくて、良いところを見ようとしてくれる」という雰囲気が、いつの間にか形成されていきます。周りにいる人たちの良いところを、自然に他に伝えていくことができるようになるのです。

「周りの人たちが喜んでくれるから、頑張ることを続ける」

華のある人は、常に周囲の人と一緒にいます。そして「あなたに会えて良かった」と周りの人に対して感じたり、それを伝えたりしている。だから、その人がいると嬉しくなるし、「あ、今日○○さんと会えるんだ」と笑顔になれる。みんなもその人に会いたいと願う。

華は育ちます。ぜひやってみてください。書いている途中で気づいたんですけど、この本に好意的なレビューをしてください、と強制しているわけではありませんからね（笑）。

第2章

ドヨーンの乗り越えかた

（逆境や疲れたときの回復法）

・不運が続いた
・期待が激しく裏切られた
・ショックな出来事があった

などによって「ロクでもない思考モード」（悲観的に考えて深刻になる）に入ることってあると思うのですが、僕はそれを、

「縁側でお茶を飲んでいたら、どう猛な野犬が庭に侵入した」


と考えます。刺激せず、他のことをやって、去るのを待つ。自分の心を庭だとして、縁側に座って眺めているとイメージするのです。

鈴虫が鳴き、植物が生えています。

季節はいつ頃なのか、日当たりや風向きはどうか。

闇は深くなるのか。

隅にどっしりとした石があり、眺めると落ち着きます。石は不動だから。

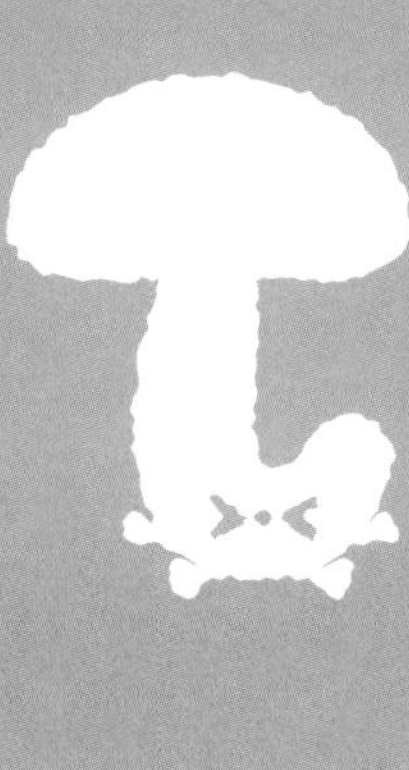

……と、熱い緑茶をすすりながら、心の中に映る景色を眺める。悲観的にならず、「こうなったらいいな」と希望を加えて操作せず、ただ見る。僕はこういうふうに確認する時間が必要だから、ＬＩＮＥの返事はすぐ返せないのだと言ってよくマネージャーに怒られます（笑）。

闇は向き合われるのが大好きです。

向き合わなければならない闇はちゃんとあるけれど、闇は深刻化が大好きで、その限度を超えると手がつけられなくなります（ま、沈むの気持ちいいんですけどね）。

だから「おー、いたの」と刺激しないで少し置いておくのも手なのです。そして、「うわー、なんでこんなこと起こるわけ？」って思うようなことが起きても、「まぁ、こういう経験も何かの役に立つかもしれないしな」と自分に嘘をつくことも大切。前を向く力って、そうやって習慣にして培う必要もあるから。

スランプに陥ってしまったら

スランプって誰でも経験していて、そんなに珍しいものでもなくて、小さなスランプなら「いつの間にか超えてしまった」ということもよくあるのですが、気づいたら深く大きめのスランプにハマってしまっていた、ということもけっこうあります。

スランプは、「目の前の出来事にハマれなくなる自分」を発見したときに起こるものです。以前だったら楽しくてたまらなくて、向き合うだけでアドレナリンが出て、多少の無理が効く「楽しい戦闘モード」になれたのに、今は「戦闘モードを維持する苦しさ」を感じる。これがスランプのはじまりで、この段階でいったん「苦しいと思うこと」から〝無責任に〟離れることって大事なのです。

僕自身の体験から言うと、スランプを感じたときに次のことを確認したら、少し楽になれました。

・人が生きていて誰かに迷惑をかけないことはあり得ない
・カッコ悪いからできれば自分でなんとかしたいけど、○○さんに迷惑をかけてしまうこともあるかもしれない
・でも、迷惑をかけないでやりきっちゃったら自分が壊れるかもしれない。そしたら自分のケアに長い時間がかかって、かえって後悔することになると思う
・無理とわかったら、どんなに迷惑をかけても逃げていい。迷惑はかけてもいいが、小さな迷惑からやっていこう

スランプはひとりで抱えていると大きなプレッシャーになるから、解決策が見つからなくても独り言でちゃんと「今日会社いきたくねー」って、積極的に愚痴を吐き続けることが大事です。

そのときに「みんなそれぐらい乗り越えているんだよ」と事情も知らずに正論で励ましてくる人って、すごく良い人に見えて相手にすると一番ダメージを喰らうタイプかもしれないので気をつけてください。

「やる気」は、実は自分の中から自然発生的に出てくるものだけじゃなくて、周りからプレゼントされるものでもあります。「この人に褒められたいから頑張る」とか「こいつに

だけは負けたくない」も含めて。
でも、**スランプに陥ったときって「この先どうするかを周りが与えてくれるタイミングではもうなくなっていて、自分で考えていく時期」である**ことが多いです。「自分なりの一歩」を踏み出して、自立するタイミングで必ず陥るのです。そうやって周りとの間に距離ができてひとりになる時期は、「ちゃんと自分の物語を進めてきた人」の人生に何度か訪れます。

年齢が若いときは自分や他人に対して「理想の成長曲線」を思い描きます。だから、「私、全然理想の成長曲線に乗っかってない！　グワー！」とパニックになってしまうこともあるかもしれません。そのパニックを**「周りの人の期待に応えられない私」ではなくて、「自分で考えて、意見を言うべきときがきた」と考えられるとスランプの恩恵が受けられます。**

もしも今、成長できずに停滞していると感じるなら、孤高にならずに周りにやさしくして、応援してもらうこと。「なんかあの人いつもやさしいし、いると癒されるよね」という人って、ピンチのときでも誰かが救ってくれたりします。

失態を演じたあとの立て直し術

ちょっと私事になるのですが、少し前に自動車教習所に車の免許を取りに行っていたんです。でも、仕事が締め切り前などで繁忙期に入ると、どうしても予約しておいた教習をキャンセルしなければいけないことが何度かありました。

先日、なんとそのキャンセルすらも忘れてしまったのです。一回無断欠席して電話して謝ったのに、さらにその次も予約をすっぽかしてしまった。

こういうの、僕は「あー、自分がしっかりしていないから迷惑をかけてしまった」って、ものすごく気にしてしまいます。30数年間ずっと、「忙しくなって余裕がなくなると、必ず何かを忘れたり、ポカをしたりする」という自分の性格と付き合ってきたのですが、「うっかりやってしまったときの傷」にはどうしても慣れることができません。

でも、「あー、やってしまった」ってズーンと落ち込んでいるモードが3日間ぐらい続くと、会う人にも「どうしたんですか?」と心配されるし、仕事のクオリティも落ちてくるんです。だから、今回は**嘘でも「これで良かったんだ」と言って立ち直らなければ**と思いました。もちろん、これでいいわけないと思います。教習所の先生がこれを読んだら、「いやいやいや、これで良かったじゃないよ」って言うかもしれない（笑）。

こういう「悪意はないのだけどうっかりミスをして、しかも地に落ちるぐらいまで落ち込んで反省しすぎて、パフォーマンスが落ちていくこと」に関しては、**早々に「これで良かったんだ」と言ってケリをつけて前に進むことも必要**なんじゃないかと思うのです。

どうしてかというと、過度の落ち込み癖って必ずその人の人生を停滞させます。これを読んでくださっている人がそうかもしれないし、身近なところでも「落ち込みやすい人」っていいます。そういう人のほとんどがやっぱり真面目でやさしい。

わざとやったわけじゃない、うっかりしていて起きたミスって、公平に眺めてみると「疲労が蓄積していた」とか「あれやこれやてんやわんやだった」など、致しかたない事情があったと思うのです。

そういう場合、自分を責めるのではなくて、許さなければいけない。「これで良かったんだ」と言って前に進まなければなりません。長く生きていれば容易に「これで良かったんだ」とは言えない出来事も起きます。でも、小さな失敗やミスなら「これで良かったんだ」と言って切り替えていく訓練が必要なんじゃないでしょうか。「あの失敗があって良かった」と嘘でも言っていくことも大事です。

実は、僕はずっと昔から「反省って必要なのか？」って思ってきました（笑）。別にこれは「開き直りのすすめ」ではありません。占いという仕事をしていると何年にもまたがってずっと元気がない人や、怒りを溜めている人たちも見てきたのですが、みんなめちゃくちゃ反省しているんですよね。

本気で「クソー！」と後悔したり、反省したりする時間はその人を成長させます。「絶対取り返してやる！」と闘志を燃やすやつ。でも、**「あー、なんであんなことしちゃったんだろう」とボンヤリとした後悔って、ジワジワとその人の明るさを奪っていってしまいます。**

だから、「これで良かったんだ」と言えるものなら言ってください。反省や後悔は、癖としてあんまり長くやりすぎると笑顔がかげってしまうから。

心が動かない症状について

おもに恋愛面なのですが、「心が動かない」症状を感じている人が一定数います。「心が動かない」って、大人になるとけっこうまぁまぁ普通のことでもあるんじゃないかと思います。

具体例を挙げると「昼ごはん何にする？」と友達に聞かれて、「わー、今日は何でもいいなぁ」というときがあったりするでしょう？　自分ひとりのときでも夕飯に何を食べるか、選ぶのが面倒くさいことってあるんじゃないでしょうか。つまり、毎回「今日はハンバーグが食べたい！」と目をキラキラさせて答えられはしないということ。

「心が動かないことって、特に異常事態ではない」ということなのです。だってそりゃ仕事が忙しかったり、人それぞれ何かを背負って生きているわけだから、いつも誰かや何かに心を動かされていたら、体が持たないという面もあったりするんじゃないでしょうか。

ただ、「昼ごはんに何食べていいかわからないや」という状態が毎日、それが1か月以上続いたとしたら、それはやはり「なんらかの問題があって、心が動かされない状態が続いてしまっている」という、ちょっとした異常事態であるかもしれません。

・いつも心が動かされない
・誰かを好きになることがない
・誰かと一緒にいると疲れる

というような症状を抱えている人って、僕が人を見てきた感覚だと「誰かと会うと、その人を喜ばせなければいけない」とか、「相手に対して良い報告をしなければいけない」などと過度に思っている人が多いです。

たとえばの話、みんなと会う前に自分でテンションを上げて、それなりに楽しい時間を過ごせた。それで「じゃあまた会おうねー」と言い合って電車に乗り込んで、ＬＩＮＥを見たら「今日は楽しかった。また今度会いましょう」とメッセージが入ったときに、「はぁ」とため息をついてしまう。そういう人は、**「誰かと会っているときに良い報告をしなければいけない」と思い込んでしまっている**ことが多いです。

対人関係でプレッシャーを背負い続けている人って、現代は特に多いと思います。ＳＮ

Sなどでもそうなのですが、プライベートも外に発表しなければいけないじゃないですか。何食べたとか。その投稿によって「イケてる・イケてない」という評価を他人からつけられることになったりもします。

だから、見る人の気分を害さないように、炎上しないように、みんなが「いいね！」と思うことを考えて、やらなければいけない。その「気遣い」による疲弊が、恋愛面をはじめ「心が動かされにくくなってきた」ことと関係しているんじゃないかと僕は考えています。人や何かを好きになるのって、ものすごく体力を使うことでもあるから。

僕はSNSが普及する前に青春時代を送っていたんですけど、一昔前はすべての人にミステリアスが残されていたのです。ちょっと気になる人と仲良くなって「休日何してるんですか？」と聞くと、「今、みそ汁作りにハマってます」とか、その程度のことで「あ、この人のこともっと知りたいな」ってなったりしました。

個人的な感覚でしかないのですが、今って、人のプライベートに踏み込んで相手に興味を持つまでのハードルが上がっていると思います。だって、どの人も「人目につく、格好良い話をしなければいけない」というプレッシャーを抱えているから。どうでもいい話がなかなかできないのです。

ＳＮＳでも実生活でも、対人関係での評価を上げ続けなければいけないと真面目にとらえすぎていると、心は疲弊していきます。だんだん動かなくなっていく。だから、ときには**「人から〝いいね！〟がつかない、どうでもいい話を実生活でする練習」をしてほしい**のです。これってけっこう大事なんですよ。

知人でも友人でもいいし、たまたま喫茶店で隣になった人でもいいのですが、「どうでもいい話を堂々としている人」の話術をコピーして、自分なりにアレンジしていってほしいのです。そして、その「まぁまぁどうでもいい話」を実生活でアウトプットしていく。

僕が一番やりやすいのは美容院で、美容師さんに「○○さん、この夏どっか行ったんですか？」と話しかけちゃいます。ここでの会話って「爆笑」を求められないから。相手も作業をしているし、自分も鏡を見ている。「どうでもいい話」ができる時間が多いのです。

ここで意識してほしいのは、「いい話をしない」、「面白くなくても、オチがなくてもいい」ということです。話題が思い浮かばない人は、「もし今お金の心配がなくて、３週間くらい休みが取れたら何をしたいか」という架空の話をするとけっこう使えます。「ペンションみたいなところに行って、ずっと釣りしていたいんですよね。それで、その場で魚を焼いて食べて、夜はたき火を囲んでくだらない話をしたい」とか。

心や体が疲れてしまっているとき、人と会うのは疲れるし、会って何を話したらいいかわからないと思う日もあります。そういうときは**無理に頑張らず、自分ひとりでバーにいるつもりになって、お酒のグラスの氷をカランカランって回す仕草をしてみてください（イメージで）**。時間がかかってもいいし、焦らないでいいので、そこで自分が何を喋るのか聞いてあげてください。

試しに今僕がやってみますね。お酒飲めないけど。

「マリオパーティーしたい」

だそうです。それでいいと思います。そういう「どうでもいいこと」を喋ると、「やれやれと言いながらも面倒くさいことにも向き合っていける。**いい大人にこそ、いい「逃げ」の時間が必要だ**と思います。架空のバーに慣れてきたら、実際にバーに行ってみてもいいですよ。

何もできない自分が嫌になるとき

ウェブサイトで人生相談を受け付けていると、「私には何もない」と前置きしたり、自己紹介をしたりしてからはじまる相談文に何度か出会いました。怒られちゃうかもしれないのですが、相談を受ける側の僕からすると、「私には何もない」と言われると嬉しくなってしまいます。「そうか、そのセリフを言うところに辿り着きましたか！」って。

僕自身も「自分には何もない」と言っていた時期が何度もあるのです。就職試験にことごとく落ちてしまい、最後の試験を受けに行った三軒茶屋で帰り道につぶやきました。

「自分には何もない」

でも、これってすごく大事なセリフなのです。**他人から慰めてもらう私を卒業する、正真正銘の〝スタート〟に出てくる言葉**なのです。

自分の「個性を持って活躍している人」って、実はそのスタート地点で「自分には何もない」という挫折を味わってきた人が多いです。その挫折以上に大きなスタート地点ってなかなかないのです。

「私には何もない」と心の底から実感してしまったときってすごく寂しいし、この夜があとどれぐらい続くかわからなくて不安になってしまうけど、他人の人生との比較をやめて、自分だけで何かをはじめるしかない。そして、はじめるにあたってもう他人から「あなたなら大丈夫だよ」と認められる必要もないのです。とりあえずゼロで、無力で、新しい仲間や新しい時間に出合っていく旅路がはじまろうとしている。

だから、自分を褒めたくなるようなことをまずひとつ、勇気を出してやってみること。**自分が褒めたくなる自分に変わっていくこと。ナルシスト上等だから。**今までメイクにあまり興味が持てなかった人が勇気を出してデパートの化粧品売り場に行ってみるとか、そういうのも立派な一歩です。

時間は流れていきます。今も過去も未来も、悪いときすら愛おしくなった人って、何もないどん底にいるときに「もうね、やるしかないわな」と笑ってきた人たちだと思います。まだ今の自分を笑えない人も、せめて**「私は私のことを100%嫌いじゃないよ」と伝えてあげてください。**

「ほら、私って○○じゃないですか」の呪い

個人鑑定を昔やっていたときに、何の脈略もなく、「いや、ほら、私って暗いじゃないですか」って、自分の説明をし出す人がけっこういたのです。別にそれまで、その人と向かい合っていて「この人ちょっと暗いな」とは全然感じないのに、突然そういう告白をし出す。

そして、そういう**「ネガティブな自己評価」のほとんどが「ちょっとした場面で身近にいる他人から言われた言葉」が大もとにある**場合が多かったのです。

ちょっと想像していただきたいのですが、自分なりに一生懸命頑張ってまとめた仕事用の資料があったとします。そこへ疲れた様子の先輩が帰ってきて、「あ、先輩。これ頼まれていた資料です」と渡す。すると先輩がボソッと一言、「あなたは資料まとめるの得意じゃない人だよね」。目を合わせないで言った。

これってけっこう破壊力大きいでしょう？　場合によってはその後の人生全部この「ボ

ソッ」と言った一言が、自分のネガティブな自己評価として心に留まってしまう人も出てくるでしょう。

また、別のパターンで「○○さんは明るいよね！」って周囲から言われ続けた人。ポジティブな評価ではあるのですが、その「明るいキャラ設定」で10代、20代とやってきて、30代に入ったときにいきなり「どっ」と疲れが出るケースがあったりするのです。そこでなんか気づくんですね、「え、私別に明るくないよ」って。

僕が伝えたいのは、**「今思っている、自分のキャラ設定って案外いい加減なものですよ」ということ**なのです。

「キャラ設定」って、いわばスーツと同じなんです。スーツを着ると、それなりに気合いが入るし、自動的に仕事モードに入れる。でも、キャラ設定とスーツが違うところって、「気づかないうちに脱ぐのを忘れて、ずっと同じキャラで居続ける」ところです。

同じキャラ設定でいることは悪いのか。

それを説明するためにちょっと感覚的な説明をしたいのですが、女性でも、男性でも仕事用に持っていくバッグと、プライベートで持つバッグって分けていたりするでしょう。

一回やってもらいたいのですが、プライベートの時間に仕事用のバッグを持つと「どっ」と疲れたりします。

キャラ設定もそれと同じで、「ずっと同じものを背負い続けている」と、その疲れっていつの間にか蓄積されていくし、もっと言うと麻痺してきます。キャラ設定の怖さって「明るい」とか「しっかりしている」とか、そういうポジティブな評価をされる場合においては、本人も別に悪いことをしているわけではないし、周囲から良い評価をもらっているわけだから、なかなか脱げなくなるのです。

その結果どうなるか。ポジティブなキャラをずっと背負い続けてきた人は、だんだんと自分のキャラクターに飽きてきたり、疲れて攻撃的な言動が増えたりします。何か自分を破壊したくなる衝動が起きてくるのです。

だから、**たまにはキャラ設定を脱ぐ時間を取ってください。**

期待されるキャラ、もしくは他人から与えられたネガティブなキャラをずっと着続けていると、だんだん世界から感動と驚きがなくなっていきます。

おいしいものを食べても「早く家に帰ってひとりになりたいな」と思う機会が多くなってしまったら、あるいは「休日は誰にも会いたくない」という感覚が1か月以上続いたりしたら、自分が着続けているキャラに疲弊している可能性が高いです。

自分のキャラ設定を脱ぐためのやりかたは、新しいキャラを着ることではありません。

五感を復権させてください。自分自身が感じていることに気づくこと。

たとえば、「今日は視覚を回復させる。綺麗な景色を見よう」でもいいし、「今日は嗅覚を回復させる。植物の匂いや洗ったばかりの洗濯物の匂いを思いきり嗅いでみよう」とか、そういうことを意識してやっていくと、いつの間にか心地良いキャラが生まれてきてくれて、しかもそのキャラは自然体で演じられるようになりますよ。

自己肯定感の高めかた

最近、ブログのコメント欄や悩み相談の質問文などで、頻繁に「私は自己肯定感が低いです」というフレーズが見られるのですが、すごく興味深いと思いました。

僕は「自己肯定感が低い」と聞いたときに思い浮かべるシチュエーションがあって、それは「周りの人が自分の思った通りに、もしくは温かく対応してくれない」という場面なのです。ちょっとひどい言いかたですね。独りよがりみたいで。でも、もう少し話を聞いてみてください。ちょっと僕自身の例をもとに話をしていきたいと思います。

小中学生の頃、僕はすごく人見知りで、ずっと親友と思っていたひとりの友達だけと仲良くしていました。人見知りの人だったらわかってもらえると思うのですが、その親友が「今日さ、○○も一緒に帰っていい？」とか、第三者を入れてくるパターンがあるじゃないですか（笑）。「う、うん。いいよ」と答えるんだけど、第三者が入ると僕は一言も喋れなくなる。

これがなぜ「自己肯定感の低さ」と関係するかというと、**自己肯定感が低い人って、すべての場面で「自信がない」わけではない**気がするのです。むしろ、「本当は得意な場面があるし、何か自分の能力なり、話術なりが〝ハネる〟こともある。でも、なぜか知らないけどそういう躍動感が自分にやってこなくて、**目立たない自分でいることが悔しい**」って感じなのです。

だからですね、「自己肯定感が低い」と申告する人って、準備はいろいろしてきたと思うのです。でも、その準備をどこの人間関係の中で、どの環境の中で活かしていけばいいのかわからない。「本当はいろいろ喋れるはずなのに、何か自分にとってよくわからない〝親友の友達〟がその場に加わったことでまったく喋れなくなってしまう悔しさ」と「自己肯定感の低さ」ってちょっと似ている感じがするのです。

僕なりの考えでは、自己肯定感が低い人って**「深い達成感」を潜在的に求めている人**だと思うのです。これまで相談を受けたケースから、そういう人の特徴をちょっと挙げてみます。

・誰かとの会話で「もうちょっといろいろ突っ込めたな」とあとで消化不良を覚える

・ＬＩＮＥやメールで、会話が終わったあとに「あれ、なんか私変なこと言っちゃったかな」と振り返ってしまう
・頼まれた仕事に対して、どこまでの完成度を求められているのかわからないから、倒れるまでやりきりたい
・誰かと会って話していて、「あー、そうですね。ふふふ」などと愛想笑いをされると、なんだか負けた気持ちになる
・自分より注目を集める話題を提供した人に対して、「あー、悔しい」と思う

こんな人です。これって、全部に共通するのが、**70点じゃ満足できない、物事を常に100点まで持っていきたい気持ち**なのです。だから、人としてとても素晴らしいのです。だって、向上心がちゃんとあるから。向上心って「悔しい」気持ちがないと起きないから。

自己肯定感が低い人が請け負う苦しさの原因は、「全部に対して完璧でなければいけない」という潜在的な気負いなのです。友達と軽快なトークをして、職場では注目されて、ちょっと気になる人とのＬＩＮＥでは「〇〇さんと話すといつも救われる。今度ぜひお礼させて」と言われて、満面の笑みでスマホのスイッチを切りたい。それは**「憧れの私」に**

対する「現状の私の至らなさ」からくる悔しさなのです。

だから、自己肯定感が低い人にぜひやってもらいたいのが、

「悔しがる対象を、1個に限定する」

ということです。毎日の生活の中で3個も4個も悔しさを抱えてしまうと、自分がつぶれていってしまって「私は何をやっても中途半端だ」なんていうセリフが出ちゃうようになります。

悔しさの対象は1日1個にして、たとえば「友達との会話で何か1個みんなを笑わす」と決めたら、「友達笑かす重点キャンペーン」を組む。その「友達笑かす重点キャンペーン」中は、仕事に関して100点を取れなくてもOK。もちろん、急に重要な仕事を任されることもあるから、そうなったら、その日中に重点を置くことを変えて「仕事で100点取るキャンペーン」にする。

悔しがる対象が1個だと、頑張れるのです。そして、知恵も浮かんできます。

僕自身も、原稿を書くことで100点を取るために集中したいときは、部屋の清潔さや「Twitterでなんかつぶやかなきゃ」を捨てます。そこは生ぬるい60点でいい。英会話を

習いながらお料理教室にも通って、筋トレもするみたいなのって、まぁもちろん少数の人はそれをこなしちゃうけど、いっぺんに全部を極めようとしても無理だから。

「重点キャンペーン」の内容は毎日変えてもいいから、悔しがる対象を1個に限定してみてください。そうすると自己肯定感の低さって、いつの間にか気にならなくなりますよ。

愚痴を吐くことの効用

世の中には「愚痴を吐かない人」っていいます。愚痴を吐けないというか、愚痴を吐くのが苦手というんですかね。

これは僕の経験上なのですが、「誰かの弱さによって苦しめられたことがある人」は愚痴を吐くのが苦手なんじゃないかと思います。そういう人の心の中には「つべこべ言ってないでやれよ」という消化されなかった怒りがけっこう強く残っている。無意識の中で使い続けている口癖が「許せない」であったりもします。

たとえばなんですけど、誰か自分が信頼する人に「頑張る」と宣言されたのに、「やっぱりできなかった。ごめん」と謝られたときって、ちょっと「えー!?」って思うでしょう？それが**本当にできなかったことならしょうがないけど、「やっぱりこの人は〝弱さ〟という巣に帰っていっちゃうんだ」みたいな感覚**。

僕自身、かつては愚痴を嫌悪していたし、愚痴は絶対に人前で吐かないと決めていました。別に、「愚痴を吐きましょう」と全員におすすめするつもりはないのです。ただ、中年になってみると、**ときどき「いやあ、参ったよ」と愚痴を吐く効用もある**と考えるようになりました。

愚痴を吐く効用。それは自分自身の感情が「許せない」という怒りに傾いていくことを阻止して、ネガティブなものを少し流してチャンスを待つ方法にもなります。「いやあ、参ったよ」と言える人は、他人のミスや弱さを許せる人です。「なんでもかんでも許せ」という話ではなくて、「いろいろありますよね」が20％ぐらい雰囲気でまとえるようになったらいいと思うのです。

ひとつひとつのストレスに対して「絶対に許せん」と叩きつぶしていく人って、チャンスが「スッ」と来たときにすぐに反応できなかったりします。いつもストレスの小さな波を叩きつぶすことに疲れているから、チャンスになり得るものもつぶそうとしてしまうのです。

愚痴を吐かない人を支える強さは、「許せない」という気持ちです。その強さって「こんな自分自身は許せない」という気持ちにつながります。そうやってビシッと立っている人はすごいんだけど、でも、**強さの中に弱さをちゃんと隠さず持てる人でいたほうが、い**

い状態で長持ちする気がするのです。

もちろん、ずっと愚痴を吐いていたりしたら、独特のすごくネガティブな雰囲気をまとってきちゃうから、頑張るところと、頑張れないところを分けたほうがいいと思います。

誰の役にも立たない時間の重要性

去年の年末だったか、僕が師匠と慕っている精神科医の名越康文先生と「来年の願いごとは？」という雑談になったのです。

そのときに名越先生が、「具体的な願いごとはないけど、頼むからみんな俺の前で具合悪くならんといてね」と、半分冗談で笑いながら話していたのです。名越先生はお医者さんだから、自分の周りに具合が悪い人がいるとすごく気になってしまうそうなのです。

これ、すごいなぁと思って。僕自身も占いで「人を見る」仕事を続けてきて、「人の抱える痛み」が日常生活でもすごく気になるようになってきたのです。

これはハッキリと思うのですが、痛みをすごくたくさん抱えている人は表面的な表情や雰囲気にその痛みをまったく出せていないことが多いのです。周囲の人に「助けて」とも言えなかったりする。だから、**「会っていてまったく疲れない人」って実はすごく心配に**なります。

・誰かと会って、相手に必要以上に尽くしてしまう
・誰かと会って、相手をまったく疲れさせない
・その人がいると周りが盛り上がり、面倒なことの処理をいろいろと自然に頼まれる
・誰かに対して反論したり、意見したりするぐらいなら「あ、じゃあもう私がやっちゃいます」と引き受けてしまう

こういう人って、言葉に出せない「疲れ」や「痛み」を抱えてしまっていることがやはりとても多いのです。他者と一緒にいて**相手に少しの疲れも与えない人って、その人自身が疲れを100%引き受けてしまっている**とも言えるから。

繰り返すと、「他人に疲れを与えない人」、あるいはもっと言うと「みんなの前ではいつも良い子なのに、ある特定の人の前だと同一人物とは思えないぐらいにひどい性格になってしまう人」……そういう人たちが抱えている価値観の中心には、**「他人の役に立たなければいけない」**があります。もしくは、過剰な形で「接する人たちに喜んでもらわなければいけない」と思っている人なのです。

「誰かの役に立たなければ私はここにいてはいけない」

現代社会に生きる人のすべてが、少なからずこの強迫観念を引き受けて生活していると思います。その中で「力の抜きかたを知っている人」って、自分が感じる幸せをたぐり寄せることができる人なのです。

解決策についてはシンプルにまとめたいのですが、今痛みを抱えているけど「助けて」が言えないという人は、頭で考えて「こういう性格に変わらなければいけない」と試みることが、はじめは難しいと思います。

それよりも身体を使う作業をして、「有用の時間」や「他人の役に立つ時間」から自分を切り離し、「無価値な時間」を何%か取り入れるのがおすすめです。

都会から離れて森に行ったり、観光スポットがない場所でノンビリ過ごしたりしてみて、**「こんなことやっている場合じゃない」という焦燥感が起こらない自分に慣れていくこと。**「今の時間の私は他人にとって無価値でいいや」という時間を、1日のうち何分かでも持つようにしてください。

相談編

ネガティブは大切な友人

射手座のNさんの悩み

射手座の20歳です。数か月前からやりたかった仕事に就いて、希望の職場で働きはじめたのですが、私がネガティブなせいで他のスタッフから距離を置かれている状況です。接客業なので、ネガティブな性格は治したほうがいいと忠告されたのにもかかわらず、治せません。このままだと働かせてもらえなくなってもおかしくなさそうです。仕事はどうしてもやめたくないので、ネガティブ思考をやめたいです。どうしていったらいいでしょうか？

しいたけ．からの回答

ある番組でご一緒した、脳科学者の中野信子先生が遺伝子についての話をされていました。僕は全然詳しくないのですが、遺伝子の中には「不安遺伝子」というものがあるんですって。その「不安遺伝子」を持っている人、つまり、心配性だとか不安を感じやすい人がいるからこそ、人類は襲いかかる危険を回避し、生き延びるために必要な働きをしてきたみたいなのです。

その話を収録中に聞いたとき、僕はすごく救われた気がしました。僕もすごくネガティブで不安を感じやすい人間です。初対面の人に会うと人見知りするし、テレビの収録なんてもってのほかで緊張してトイレに逃げ込んだりします。ネガティブなところと人見知りの性格はずっとコンプレックスだったのですが、今は**この不安があるから慎重に仕事をしていける**のかなぁと思っています。

ただ、相談者のNさんはまだ20歳だから、そのネガティブを持つ自分への苛立ちと、やるせなさと、「他人の足を引っ張っているんじゃないか」という恐怖感がすごいのだと思います。

まずお伝えしたいのが、**ネガティブは「今はまだあまり役に立たない、自分の中にいる友人」だと思ってください。**その友人は、いなくなってはいけないものです。追い出そうとしたり、矯正しようとしたりしないで、ある程度付き合ってあげてください。「もう今日で終わりだ」とか「逃げたい」とか「トイレが友達」とか、その友人のネガティブな発言を聞いて、意識してちゃんと話し合っておく。

実際に、ネガティブなことを笑いながら喋って許してくれる友達がいると、楽なんですけどね。僕はよくマネージャーに「もうダメだ」って言ったり、冷蔵庫に取り付けているホワイトボードに「もうダメだ」と書いたりします。それで落ち着くんです(笑)。「もうダメだ」と常に言って、**「今年いっぱいで廃業して、お世話になっている人のもとでアルバイトさせてもらおう。これは思い出作りだ」と思って目の前の仕事に取り組む**と、一生懸命やりながらも肩の力を抜いていくことができますよ。

あと、ネガティブな性質を持っているのなら、**「今日やってしまったこと」をノートに書くのもいい**と思います。それを無理に「直さなきゃ!」と意気込まず、「自分なりに頑張ったところ」と「自分として良かったところ」も書いていく。ダイエットをしているときに「痩せなきゃ!」と自分を責めるのではなくて、今日食べたご飯をただ淡々とノートに箇条書きにして記録していく感じで。

相談編

「地獄の自問自答タイム」に要注意

牡牛座のHさんの悩み

数か月前に退職しました。今は無職です。次の仕事が決まらないけれど、職場にそのまま居続けるのは無理になり、辞めました。焦っても仕方ないとわかっているのですが、このところじわじわ気力が削られていきます。実家には戻りたくないので、この先の就職や引越しがうまくいくような心構えはありますか？　生きているだけでお金が減っていく。

しいたけ．からの回答

人間って、何かを行動するにしても「ショック」って絶対に残るのです。もちろん、よっぽど強靭《きょうじん》な精神力を持っている人だったら、恋人に振られ、会社を辞めた後すぐにでも気持ちを切り替えて動けるのかもしれませんが、我々凡人には無理です。

それで、

・どうにかしなければいけない
・前に進まなければいけない
・ずっとこのままではいられない

というときに、まずやってほしいことがあります。

「神社や寺に行って、そこに昔からある木や石に話しかける」のです。はい、突飛な答えですね（笑）。

あれですね、なんでこんなことを言ったかというと、こういう「ショックをそのまま抱えているとき」って、僕が名づけると**「地獄の自問自答タイム」がずっと続いているわけ**ですよ。

・なんで私はこうなったの？
・私だけ。あの先輩がずっと私にイジワルしていたのに
・頑張んなきゃ

・私は昔からそう

これがすごくキツいんです。この地獄の自問自答タイムに「でもほら、やっぱり頑張ってみようよ！」という自分の意見を入れても、ショックで心にさざ波が立っているときって、すぐに他の落ち込みの言葉や雑音に打ち消されちゃうのです。

人が頑張っていく道って、自分自身との対話にあります。ですから、別に神社とかお寺じゃなくても、**自分がいつも通る道に生えている木とか、川に話しかけるのでもいい**いんです。

「私ね、今失業しちゃったのよ」って心の中で話しかける。そして「頑張らなければいけないいんだろうけど、ちょっと今どうしていいか今いちわからへんねん」とか言ってみる。

自分で自分と会話するのはなかなか難しいんですよ。誰かや自分以外の対象がないと、自分の言葉で話しかけられない。だから、こうして木や石との会話を続けると、落ち込んでいることに飽きてきたりします。そのときに自分自身からどういう言葉が出てくるのか、発見してみてください。

できれば、木や石との会話を決まった時間に毎日続ける。他の人から見たら「木の前でたたずんでいる人」に映るから、できればそういうことをやっても異様に思われない神社やお寺が都合がいいんですよね。場が浄められているところでもあるし。

そして、別にここでスピリチュアルを発揮して「木がこう返答してきた！」とか開眼しなくていいです（笑）。疲れているときはそういう声が聞こえたりすることもありますが、それは「そういうこともあるんだ」ぐらいの気持ちでいてください。

相談編　何をやっても続かない理由

魚座のHさんの悩み

「何をはじめても続かない」ということについて相談させてください。たくさんのものに興味を惹かれて、一時は寝食を忘れるほどそのひとつに没頭するのですが、どういうわけか何ひとつとして続いているものがありません。何かに向かってそれしか見えなくなって猛ダッシュして、疲れて休憩して、また違うものに猛ダッシュして……の繰り返し。周りの人からも「なんでもそこそこできるのに、すぐ飽きてやめちゃうね」と呆《あき》れられています。これは、まだシックリくるものに出会えていないだけなのでしょうか……？

しいたけ．からの回答

これはもう本当にシンプルで、飽きやすい人、あるいは**何をはじめても続かないと**

思う人は、「自分が嫌と思うことをはじめていく時期」であることが多いのです。

あたりまえだけど人ってやっぱり飽きがあるのです。だから、飽きないようにいろいろと方向性を変えようとしたりするのですが、**実は客観的に見ると「うまくいったことをパターンを変えて繰り返そうとしている」ことが多かったりする**のですね。

たとえばなんですけど、直感だけで生きてきた人が組織の上の人とかに「ちょっと口うるさいぐらい」にルールを課せられて、そこに従わなければいけないときって**「自分がこれまでやってこなかったこと」をやって、それを習得するチャンス**なのです。

椎名林檎さんがあるとき文章で書いていたのを読んだのですが、型破りができる人はいろいろな型を習得してきた人なのだ、と。飽きて自分のオリジナリティが出せなくなってきたときって、本当になんでもいいんです、1回他人のルール下に入ってみて、それを誠実にやり続けてみると新しい光が見えてきますよ。

話を整理すると、「何をはじめても続かない」とか「すぐに飽きる」って、自分のこれまでのパターンを繰り返しているケースが多いのです。何度もやっているから自分で逃げ道なんかもわかっている。そうなったら「これは他人のパターンを習得する時期が来たぞ」と思って、本でもいいし、立派な同級生や上司などでもいいから**「弟**

子入り」する感覚で、他人のやり方を誠実に真似して、学ばせてもらって自分のパターンにしていく。これはかなり覚悟がないとできません。

他人のパターンを学ばせてもらうときは「私ならこうするのに」と言わずに、今までにあったプライドを3か月間は脇にどけてほしいのです。

相談編

自己都合カードを発動しよう

牡羊座のNさんの悩み

仕事を辞めて、しばらく充電したいと思っているのですが、タイミングや仕事のスケジュールがうまくあわず、ずるずる働いています。どうしたら話が良い方向に進んでいくのでしょうか……？

しいたけ．からの回答

何かを辞めるときって、どこかで自分が「無理」と思ったことがあったわけなんです。たとえば、少し前の自分が１００のものを背負って動いてきたとすると、「辞めたい」というのは、自分の体や気持ちが、もうその「１００」を背負うことが無理って悲鳴を上げてきている感覚なのです。だから、限界を超える「１００」を背負った状態で次の「私のやりたいこと」を見つけようとしても、それはまた「やりたいことを見つけて、背負う」という方向にあるから難しいんですね。
だとしたらおすすめがあって、**「今自分を動かしている100」をどう減らしていくかを考える絶好のチャンスが与えられた**と思ってください。自分が背負って、消耗していく代表例は「他人から寄せられる期待」です。

僕は今もうＬＩＮＥの返信はあまりしない人間になりました。すごく申し訳ないのですが、「今度会えない？」という知り合いからの食事の誘いなどを断るのが、答えるたびに罪悪感が出てしまって「これはもう背負ってちゃいけないな」と思って、「自己都合カード」を発動させて連絡はマネージャーのほうに回すようにしたのです。

１００から少しずつ背負うものを減らしていくこと。たとえば「土日のどちらかは完全に休んでなんの計画も入れない」とか、**背負っても元気が出るものと、「背負えば背負うだけ『ウッ』となる」もののバランスを見定めていってください。**

自己都合カードは、多少「ワガママだな」と思っても、疲弊して倒れるよりは何枚か発動しちゃったほうがいいですよ。１度倒れたりしたことがある人は、自分の「あ、今背負いすぎている」という臨界点がわかる体験にもなります。もちろん、そうなる前に背負っているものを降ろしたほうがいいですけど。ちょっとゆっくり考えてみてくださいね。背負うよりも、まず降ろすこと。

相談編

仕事で成果が出ないときの考えかた

牡羊座のMさんの悩み

最近、仕事で思うような成果が出ず、それに引っ張られて負の連鎖がはじまりつつあります。結果が出ないことで動きが鈍ってしまい、何からやればいいのかがわからない（自分で決められない）状況です。ジメッとしたモードがダメなのはわかっているのですが、どうしたらここから抜けられますか？

しいたけ．からの回答

これは占いをやっていて本当によく思うのですが、「負の連鎖」って、やっぱりどうしても時期的にあるのです。仕事がうまくいかなくて、なんか思ってもみなかったところでミスが出てしまったり、納期が「え、今日？」とかあったり、それでやっと家に帰れるかと思うとプライベートで面倒くさいことに巻き込まれたり。

そういうときにおすすめなのが、**時期限定で「ちょっといつもの私じゃないですよモード」のスイッチを押すこと**です。イメージでいうと「非常警戒モード」みたいな感じ。そこまでやると大げさで、逆に緊張しちゃうかもしれませんが、「なんだよ、またこんなことしちゃった……」と意気消沈するモードから、災害時みたいに「はい！　じゃあここから片付けますよ！　頑張って自分！　でも休めるときはわずかでも休んで！」というふうに、**「災害対策チーム」を結成して、自分がリーダー兼救助隊員になる感じ**です。

そして、ひとつひとつ、解決しなくてもいいです。問題が落ち着いてきたなと思ったら、解決したものから災害対策チームを解散して、やがていつもの自分に戻っていく感じを持ってみてください。ずっと災害対策チームのモードにいるとアドレナリンが出すぎてしまって、逆に不感症になっていってしまうから。

牡羊座でも、ほかの星座の人でも、**落ち込みから抜けるときには「祭り感」が必要**です。「おーし、この状況を私の災害対策チームがなんとかしよう」という感覚で立ち向かっていってください。

相談編

占いを呪いにしてはいけない

蟹座のJさんの悩み

今月の蟹座の占いには「小さな約束や細かい信用が大事」とありました。

でも、今月にかぎって約束したことが体調不良で守れなかったり、気持ちが向かなくてキャンセルしたりということが続いてしまいました。「約束したことは実行してください」というアドバイス通りにできなくて、この先の信用を失ってしまうんじゃないかと心配になるのですが、それでも気力と体力が続かず、付き合いの悪い人になりつつあります。

先月までは絶好調だったので、「なんで今月にかぎって」と落ち込みます。約束が守れなかった場合どうなってしまうのでしょうか？　これからフォローして挽回できるのでしょうか。

しいたけ．からの回答

ちょっと読んでいて思ったことは、**「占いを呪いにしてはいけない」**と強くお伝えしたいのです。これは別に僕が自分が発表している占いの責任を回避するために言っているわけではなくて、僕は「しいたけ占い」なんかも月曜日の朝に「今週の参考にしてみようかな」というふうにエンターテインメントとして楽しみにしていただけたらすごく幸いです、と思っています。

それが「こうしないと大変なことになるよ！」という形でメッセージを受け取ってしまわれているとしたら、もしも僕がそういう書きかたをしていたら申し訳ないと思うし、そう受け取っちゃうときって、やっぱり体調不良などで疲れているときなのかもしれません。

自分の調子が悪いときって、たとえば「いろいろな経験があって口が立つお友達」に相談したくないってあるじゃないですか。**相談して「あなた何がしたいの？」とか「もっとこうしたほうがいいよ」なんて弱っているときに言われるのは怖いし、そういうときは聞かなくてもいい**んじゃないかと思います。

それで、「周りの約束を裏切ってしまうことにかなりの罪悪感を感じる。私は信用を失ってしまうんじゃないか」と、そこまで考えているときは、やっぱりそれは責任感の背負いすぎのように感じます。

人間関係って、よっぽどブラックな人じゃないかぎり、たとえ迷惑をかけられることがあったとしても、**「そこまで気にしなくていいですよ」と言ってくれる人のほうが人口比率としては多い**と思います。だって、1度や2度、場合によってはそれ以上の失敗や約束違いによってその人が追い詰められて、病気にでもなられるほうが心配って増しちゃうから。

相手は自分をつぶしたいわけではない。だから、自分がつぶれそうになる前に「ごめんなさい。体調が今どうしても悪くて」と告げていくことが、はじめは怖いかもしれないけど、基本の信頼につながってくると思います。

相手はそこまでめちゃくちゃ気にしてないと思いますよ。

第３章

心の温度を上げていこう

（恋愛・愛情問題）

「有田哲平の夢なら醒めないで」（TBS系列）という番組に占い師として出演しています。

その中である女性のゲストの方が、「付き合う男性に求める条件」をたずねられたときに「銀杏《ぎんなん》を手際よく剥《む》けること」と答えたことがとても強く印象に残っています。

銀杏はピスタチオと違って皮つきのまま出されると熱いし、でも中身も熱いうちに食べないとおいしくない。手際よく、かつ丁寧に剥かなければならないから、剥きかたにその人のセンスが現れる。短気な人だったら、「自分でやれよ」と突っぱねてしまうだろうし、相手よりも自分のことが大事な人は乱暴な剥きかたになってしまう。

ゆえに銀杏の皮の剥きかたは、恋愛が長続きするかどうかの判断基準になる、というわけです。なるほど鋭いな、こういうことを言える感性って本当にすごいと感心してしまって。

ちょっと思い出してみてほしいのですが、子どもの頃、具合が悪くなったときによくおかあさんやおばあちゃんが果物を剥いて食べさせてくれたりしましたよね。果物なんて自分で皮を剥いて食べられるんだけど、誰かに剥いてもらうと心

に染みるやさしさを感じる。そんな「やろうと思えば自分でできるんだけど、相手のためにやってあげられる小さなやさしさ」が、この銀杏のエピソードに包まれている気がしたのです。

季節のものを一緒に食べに行く。

それは大がかりな刺激でもないし、地味なことなのかもしれないけど、もしかしたら「一生の記憶に残ること」って、そういう小さな範囲の、小さなやさしさが詰まったものなのかなぁと思いました。そして、誰かとの関係性や恋愛って、この小さなやさしさを持てたら、きっとその後も続くものになっていくんだと思います。

また別の話になるけれど、ご飯を一緒に食べに行こうとなったときに「あ、あの店良いお店ですよね！」と気が合う人はやっぱり関係性が長続きしたりするから、気になる人とは銀杏を一緒に食べに誘うといいのかもしれませんね。

好きな人が見つからないという悩み

「好きな人が見つからない」
「私はどういう人を好きになったらいいでしょうか」

恋愛についての相談を聞いていると、この質問はとても多く寄せられます。これって、もちろん「恋愛することに大きな関心がなくなっている」という現代社会に特有の事情もあるのでしょうが、ここではもうちょっと「今、好きな人が見つからない」という個人の事情について考えていきたいと思います。

そもそも、「好きな人を見つける」の出発点って、「クラスの中で友達を見つける」という、小学生ぐらいの頃の感覚にあると僕は思っています。
イメージしていただきたいのですが、小学校に入学した当初やクラス替えがあったときに「友達を見つける」って、子どもにとっては「死活問題」です。友達がいないとクラスに居場所がなくなる。その切迫感ってすごかったと思うのです。だって、毎日学校に通わなければいけないし、学校は「世界そのもの」でもあったから。

「好きな人を見つける」って、その延長線上にあるもので、やっぱり「居場所」と関係するのです。大人になってから「好きな人が見つからない」という人は、恋愛関係のほかですごく努力をしていて、**他人と秘密を共有しない形で自分の居場所を作っている**ことが多い。

たとえば「仕事」はその居場所の代表例で、頑張って活躍すればするほど「あなたがいないと困る」という評価をもらうことになります。僕は別にこれを否定したいわけではなくて、恋愛がすべてじゃないし、みんなの居場所に貢献して「あなたがいないと困る」といわれている人って素晴らしいと思うのです。

だけど、「好きな人」を見つけていきたい気持ちも自然なものです。

では、どうしたらいいのか。

それには、**自分の「ポカ話」を毎日の生活の中でピックアップしていってください。**ダイエット中なのについ、おいしそうな鍋焼きうどんを食べてしまったとか。そういう失敗談を見つけて、人に話してみる。あんまり言いすぎると「向上心がない人なのかな?」と思われてしまったりするので、自虐にならない程度でいいです。

いろいろな問題を抱えているときって、なんでも話せる友達に会って「いやぁ、昨日さ、寝坊しちゃってすごく怒られちゃった」とか、そういうポカ話をひとつでも言えると、すごく救われるのです。人が人に会う理由って、つまり恋愛関係でもそうなのですが「夜中起きてアイスを食べてしまった」とか、そういう立派じゃない話をお互いに言い合うため、というのも大きいと思います。

だから、**「モテる人」や「人の引き寄せかたがうまい人」ってポカ話がうまい。**「ねぇ、聞いてくださいよ〜」と相手を魅了する失敗談を持っているんです。

「好き」って常に内緒話です。

勇気を出して「私ね、親には内緒だけどたまに眠れないときがあってね、そういうとき夜中でもついアイスを食べちゃうの。そのアイスの味が好きなんだ」と言って、「そんなみっちゃんがかわいいな」と返されたら秘密の共有が成立して、その後はけっこうな確率で恋愛関係に入っていくパターンが多いです。

その人が抱える弱さをさらけ出されたら、相手は「あ、僕（私）はこの人に多少信用されているんだな」と思います。秘密の共有って大事なのです。

深刻にならない程度にポカ話をしてみましょう。笑える範囲の失敗談から。

「愛され体質」になるには

占いの相談で、自分の恋愛について聞きたいという人は多いです。今フリーの人は、いつ出会いがあるかについて。誰かとお付き合いしている人は、その人との相性について。そして不思議なことに、「恋愛」という行為に対していつも苦労が絶えない人がいるし、これもまた不思議なのですが「すごく仲が良かった人と別れて悲しかったけど、最近また素敵な出会いがありました」とか、恋愛に対して苦労がない人っていたりします。

ここであえて占い的な表現をしたいのですが、「愛され体質」の持ち主っています。恋愛の話が途切れなくて、その恋愛もドタバタがある泥沼劇とは無縁で、誰からも程よく好かれて味方が多い人。

恋愛って、初対面の人に好印象を抱かれやすいとか、メールの返信で相手の心理を読んで絶妙な文章を返すとか、技術的な面も強く作用します。でも、もっと根本的な話をすると、恋愛において苦労をしない**「愛され体質」の持ち主の正体は、「自分の周りにいる人**

たちは自分の味方であると信じていて、自分を開くことがうまい人」なのです。

そして、安心して聞いていただきたいのですが、愛され体質は後天的に身に着けられます。

愛され体質の反対側にいる人って、自分を閉じてしまうタイプの人です。

自分を閉じてしまう人は「誰かに迷惑を掛けたくない」と思っていたり、「結果を出すまですごく頑張っていく」というストイックさがあります。

そんなふうになかなか人を好きにならない人が、自分に対してブレーキをかけてしまう原因って、**「誰かを好きになってしまったらどうしよう」という葛藤**なのです。頑張り屋で、他人に迷惑を掛けたくなくて、愛する者ができたら責任を持って愛していきたい。そして、やさしくされたい。その気持ちを解放するのがすごく怖いのです。**恋愛の一番の恐怖って「いつ相手が自分に関心がなくなるかわからない」というところ**があるから。

だったら、誰かに期待する前に、誰にも期待しない自分を作り上げよう。そうやってストイックさに磨きがかかってしまっていることってあります。

でも、**恋愛をすることや誰かに対して期待をすることが怖い人が「愛され体質」になる**

ことって実はそんなに難しくないのです。

まずは自分と利害関係のない人にやさしくしてみてください。電車に乗ってお年寄りに席を譲ったり、駅で荷物が重そうな人に「手伝いましょうか」と声をかけたり。夜のコンビニに行ったら、店員さんに「あなたのおかげでこうして夜遅くにおにぎりが買えます。ありがとう」と心の中で声をかけてみる。

自分の生活と直接利害関係がない人にやさしく接することの何が良いかって、「見返りを期待しない」ことなのです。見返りを期待しないで、お互いにとって程よいやさしさを加えていける。別に「このおじいちゃんはなんとなく席に座らなくても大丈夫そうな人だな」と思えば譲らなくてもいいし。

愛され体質の第一歩。それは、**「見返りを期待しなくていい第三者にやさしくしていくこと」**です。そうすると、好意を持つ相手にも「何か困っていることがあったら言ってね」と自然に言えるようになってくるし、何よりも雰囲気が変わってきます。

山の頂上はちゃんと回り道をしながら目指していく。恋愛ってそういう回り道をしていく価値があるものです。

恋愛奥手＝傷つきたくないという人へ

もう少し恋愛が奥手な人のための話を続けていきたいのですが、恋愛や「誰かを好きになる」ことをストップさせている大きな要因として、「傷つきたくない」というブレーキが働いているケースはやっぱりすごく多いと思います。

恋愛や「誰かを好きになる」って、カジノでいうと**「全財産を賭けた最終勝負」**みたいなところがたしかにあります。

「相手が自分の気持ちに添ってくれるか」、もしくは「ごめんなさい」という展開になるか。ルーレットで赤か黒かに賭けるかのように、すごく勇気が必要になる場合もあります。

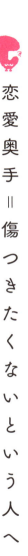

それで粉砕したり、「うまくいった」ケースにおいてもその後に裏切られたり、恋愛や「誰かを好きになる」ってどうしても「自分が傷つく」ということがその裏側にあります。

ただ、恋愛って「ハッピーエンドになるか、それともすごく傷つく結果になるか」というギャンブルのような激しさがある一方、**「好感を持って普通に親切にしていたら、いつの間にかお互いの好意に変わっていた」**というような穏やかなケースもあります。恋愛を「激しいもの」とか「自分が傷つくもの」と捉える人には、ある特徴があります。

それは「自分を作るのが苦手」ということなのです。たとえば、自分自身でも身近にいる人でもいいのですが、「すごく友達は多いのに、恋愛の話はあんまりない」という人っているでしょう。これは誰しも経験があることかもしれないのですが、「友達の前の自分」って、自分を作らなくていいのです。つまり、素のままの自分で多少品がないことを言ったり、「私さ、思うんだけど」と率直な意見を言えたりする。

でも、**恋愛は「自分を作る人」に有利なもの**でもあるのです。友達や家族の前では自然体でいられて、それで十分に人気がある人って、意外に「恋愛は苦手」という感情を抱いてしまいやすいのです。「家族のように感じられる人」以外に、どういう人が自分に合うのか、どういう人を好きになったらいいのかが、わからなくなってしまうのです。

これはすごく面白いのですけど、**そもそも恋愛って「家族以外の人を好きになる」行為**でもあります。この場合、友達もやっぱり「自分の家族枠」に入ってきます。「家族以外の人を好きになる」という行為において、一番はじめに大事になってくるのが

「自分の素を出すこと」ではなくて、礼儀と他人行儀なのです。

ちょっとガッカリな回答になってしまうかもしれないのですが、いきなり「相手の心をつかむ！」とか「私のことをわかってもらう！」という大技に挑戦すると、かえってマイナスになることが多いので、**「相手に不快感を与えない」という基本技がどうしても有効**になるのです。

恋愛は「家族以外の人に関心を持って、自分がその過程で変わっていく行為」です。だから、傷つきもするし、わかってもらえないこともあります。**恋愛の道に迷ってしまった人は、基本に戻って「他人行儀」を大切にしてみてください。**「この人はこの人でいろいろあるんだろうなぁ。あんまり迷惑はかけたくないけど、頼りにしてもらえたら嬉しいな」という節度ある気持ちを少し持って。

激しく自分の全財産を賭けるギャンブルのような恋愛だけではなくて、「好感を持って普通に親切にしていたら、いつの間にかお互いの好意に変わっていた」というような穏やかなケースの恋愛を大切にしてみると、意外と身近なところで扉が開くことがあります。

とりあえず結婚したほうがいいのか問題

引き続き、僕の個人的な意見だと思って聞いていただきたいのですが、ハッキリ言って今の日本で「婚活」という言葉は「各個人にかなり大きなプレッシャーを与える言葉」になっていると思います。「アラサー」「アラフォー」、そして「婚活」。これらの言葉って現代における「呪いの言葉」になっていないでしょうか？

呪いって大げさに聞こえるかもしれないけど、どうしてあえてそういう言いかたをするかというと、「アラサー」「アラフォー」「婚活」と聞いて元気になる人は果たしているのかな？　と疑問なのです。

だって、**「私もアラサーかー！　よーし、婚活頑張るぞ！」ってなかなかならない**でしょう。どちらかというと、「うっ、もうアラサーか」とか「うっ、ぼやぼやしてはいられない。周りも頑張っているし婚活頑張らなきゃ」と、ちょっと胃とか胸にズンと来る言葉なのです。

人から元気を奪う言葉を僕は「呪いの言葉」と呼んでいて、その呪いってけっこうボディーブローのようにジワジワ効いていきます。

結婚の目的って、現代では「居場所の確保」だと思うのです。だんだん歳を重ねると、結婚した人たちは結婚した人たち同士でコミュニティを形成していって、そこに入っていないとなんか自分が欠けている気がしてしまう。

僕ももちろん経験があります。友達の結婚式に参加したときに、その帰り道で貯金が50円しかなくて「あー、何やってるんだろう」って考えてしまったこと。あの祝福ムードの光と音響のあとってけっこうくるんですよね（笑）。

タイトルのように、「今の私は結婚適齢期です。恋愛に（または今付き合っている人に）あまり関心がないのですが、結婚はしたほうがいいのでしょうか？」とか「今特に好きな人がいるわけではないけど、結婚に向けて婚活をしたほうがいいのでしょうか？」という疑問を持つ人はとても多いと思います。

「結婚についてそこまで関心はないけど、でも、関心はゼロとは言えない。どうしたらいいのか？」と考える人に僕なりの考えをお答えしていきます。

結婚は「居場所の確保のひとつの形」です。もちろんそこに愛し合う人同士という前提はありますが、**結婚式が終わったあとは「お互いにルールを設けて、ふたりで協力して自分たちの居場所を作ったり守ったりしていく」**という性質のほうが強くなっていきます。結婚に少しでも憧れがある人は、まず自分の生活の中にある「居場所」を大切にしてみてください。

そのために具体的におすすめしたいことがあって、これは僕の師匠の名越康文先生も言っていたのですが、**「自分に居心地の良さを与えてくれるお店を育てる意識を持つ」のがいい**と思います。名越先生も僕も、喫茶店の隅っこで本を読んだり、人見知り同士でボソボソ話をしたりするのが好きなので、「このお店がなくなったら困る」という理由でときどきお店に顔を出して、お金を払います。

結婚に向けて頑張っているけどなかなかその目的を果たせないと悩む人って、「自分には居場所がない」とどこかで思っています。「自分には居場所がないから、とにかく倒れるまで頑張って、なんとか仕事で周りに自分を認めてもらわないといけない」とか、どんなに頑張ってきても「もっと頑張らなきゃ」や「落ち着けない」という考えを持ってしまっていることが多いのです。そこで、

「頑張り」とは関係なく、居場所を持ちましょう。

喫茶店や場所だけではなくて、「自分が通勤途中で毎日見るイチョウの木」とかでもいいので、「今年もすごく綺麗な葉になりましたね」って心の中で話しかけてあげる。「帰りにいつも寄るコンビニ」とかでもいいです。いろいろな場所や人やものが、あなたにとっての大切な居場所になります。

すごく機嫌が悪いときや不調のときはやらないでいいので、**「今日もお疲れ様」**とか**「今日もありがとう」**、**「私にはいろいろな居場所がある。いやぁ、どうもありがとう」**と**心の中で言う習慣を作ってみてください。**

そしたら、あなたを居場所にしたいと願う人たちが徐々に増えていくから。やさしい雰囲気って、けっこう周りは見抜くから。

大人同士の出会いはどこにあるのか

仕事でもプライベートでも、話題が恋愛になったときに二言目ぐらいに「出会いってどこにあるんだろう？」という話になります。

「出会いって自然なものなのか、不自然なものなのか」

これについて僕なりに考えをまとめていきたいのですが、まず「出会い」って、たとえばビジネスの話になると「縁」の文脈では語られません。たとえば仕事の取引きを前向きな方向に持っていけなかったからといって、上司に「いやあ、縁がありませんでしたねぇ」で報告を終えたら怒られるでしょう。ビジネスマナーとして「いかに偶然の出会いを仕事に結びつけるか」という講座もあるぐらいだし、名刺を渡す、雑談をする、そして自分を印象づけるという一連の行動は作為的な「不自然」なものでもあるのです。

ところが就職活動なんかがすごく顕著だけど、日本文化では「縁信仰」がとにかく強いです。「結びつけられるつながりは自然なものであり、はじめから縁があった」という考えかた。

もちろんそれにケチをつけるつもりはないし、出会いってたしかに半分は自然なもので、縁だと思います。でも、残りの半分は「出会いを受け取るためには、心構えやある種の前向きな生きかたが必要とされる」とも思うのです。つまり、「出会いってどこにあるんだろう」とか「出会いがない」と感じるのは、実は多くの場合、目の前にある出会いを軽視してしまうからじゃないかと思うのです。

「この出会いぐらいで、自分は影響を受けない」
「まぁ、テキトーに話して明日も早いから明日のことを考えよう」

という気持ちが強くなっていて、出会いを見逃してしまう。それは仕方がないんですよ、本当に。

〝大人〟ってその出会いが特別なものじゃなくても、相手に期待できなかったとしても、また明日から自力で生きていかなければいけないのです。だから、その出会いが「出会いじゃなかった」となっても、いちいち傷ついていられないし、明日をひとりで迎えていかなければいけない。その「切なさ」に「出会いがない」という現象の多くの理由が詰まっている気がするのです。

「あー、今回も期待できないんだ。切り替えて自分の得意分野で頑張っていこう」と思うことが続くと、**自分でも気づかないうちに「期待しない」という鎧《よろい》を着て武装してしまったりします。**「自力で、そしてひとりで生きていかなきゃ。誰も助けてくれないし」の鎧が強固になってしまったら、出会いや他人の影響を受けにくくなるし、武装の反動で「自分のすべてをわかってくれる救世主」を求めてしまったりもする。

僕が「しいたけ占い」などで何を重視しているかというと、人には固有の「面倒くささ」があるということです。その「面倒くささ」は他人からみたら「なんで？」だし、疎ましいとも思えてしまうけど、その面倒くささをたまに笑い合えたら人間関係ってもっと楽で楽しいものになります。

それぞれに「面倒くささ」を持っているけど、「自分は面倒くさい人間だから」と閉じてしまうのではなく（そういう時期も必要です）、ある人やある場面に出会って「この面倒くささを改善したい！」と決意したら、その出会いは人生の転機になります。

どんなに大人になっても、出会いによって変わっていく自分に期待したほうがいいです。誰かに出会って「もっと良い表情ができるようになる自分」に期待したほうがいいと思うのです。

出会いってもっと普通でいいんじゃないか。その普通を、努力によって誰かと一緒に特別なものにしていくものなんじゃないか。

ときどき自分のプライドとか「傷つきやすさ」を脇にどけて、「私はそんなに傷つきやすくないかもしれない」って、あえて自分に暗示をかけてみる。そうすると、驚くほど素直な自分が見つかったりもします。「あ、こんなに喋れた」とか。

ある人との出会いが特別なものになるときって、「この人は私の出現によって今までと全然違った笑顔をするようになるし、すごく追い詰められる表情もするだろうな」とか、その人の人生が「私によって変わる」または「私の人生はこの人の出現によって変わっていく」と「なんとなく」予感されるときだと思います。

仲たがいのモヤモヤを解消する秘訣

誰かとお付き合いをして、しばらくして頻繁に出てくる問題が「仲たがい」、喧嘩です。仲たがいは本当に、些細《ささい》なことで起きます。

たとえば、レジでの支払いのときに「ごめん、1000円持ってる？」と聞かれて、「持ってない。それぐらいATMでおろしておきなよ」とスマホを見ながら言ったらどうなるでしょう？　けっこうな確率で「あれさ、何さっきの言いかた？」ってなってきます。

誰かと付き合っていくうえで仲たがいや喧嘩は必要です。

他人同士が同じ時間や場所で過ごすことで喧嘩が出てくるのは自然なことです。なぜなら、それぞれが自分の正義と習慣を持ってきた他人同士だからです。カップルは、お互いの正義（＝私の親はこういうことを大切にしてきた）とか習慣（＝せめて月2回、休日はゆっくり寝ていたい）がぶつかり合う関係なのだから、そこで衝突が起こるのは当たり前ともいえます。だから、起きていいものなのです。その仲たがいが別れにつながらなければ。

仲たがいが別れにつながるケース。それは、どちらかが「この人はわかってくれないんだ」とか「この人にはもう私のことを理解してもらえなくてもいい」と何回か思ってしまったケースです。どちらかがガミガミ相手に言っているときは「まだ愛情がある場合」で、ガミガミ言わなくなって「あ、もう大丈夫です（期待していないんで）」と涼しい顔つきになってきたら「別れ」に向かって黄信号が点滅しはじめた状態です。そうならないためには、どうすればいいのか。それには、

喧嘩になったときに、相手に勝たない。

ということです。これがなんで大事なのかというと、**どのカップルも必ず力関係で強いほうの人と弱いほうの人が出てきます。**そして喧嘩になるとだいたい、その力関係が弱いほうが謝って終結することが多いのです。でもその謝罪って、納得したから謝ったわけではなくて「謝らなければこの喧嘩が終わらないから」謝るのです。そして、謝ったほうにはモヤモヤが残ります。「この人、わかってくれない人なのかもしれない」って。喧嘩の

あとにモヤモヤが残るのは、どちらかが勝ってしまったからなのです。

その勝ちは何をもたらすのでしょう。

・相手は自分よりものを知らない人である
・相手は自分よりも非常識な人である
・相手は自分に何か言われないと動けない人である

といった決めつけだったりするのです。自分の良いところじゃなくて「劣等の部分」だけを見る人と、相手は付き合いを続けたいと思うでしょうか。例外的に続くとしたら「支配者」と「被支配者」の関係。それはもう、対等な関係ではないのです。

お互いに対して愛情を持ち合っているふたりが、ひとつの些細な喧嘩や仲たがいによって悲しい結果になることもあります。それを避けるには、**「相手との喧嘩には勝たない」という心づもりが必要**なのです。

具体的にどうすればいいかというと、**相手に腹が立ったら「モノを壊した小学生」だと思ってみてください。**いきなり「バカ！」とか「は、何やってんの？」と叱りつけたりすると、相手も相手で負けられなくなるので、まずは**「え、なんでなんで？」ってちょっと肩の力を抜いて尋ねてみてください。**先ほどのレジで揉めたカップルの例だったら、

「ごめん、1000円持ってる？」
「え、なんでなんで？　おろし忘れた？　じゃあこれ使って。このあとおろしてきてよね。」
利子は5億円です」

とか。「え、なんでなんで？」によって、「なんかこの人にも事情があったに違いない」という相手に対する配慮と関心が生まれます。その配慮と関心に人は救われるのです。

「なんでこんな人のために配慮してあげなきゃいけないの？」と思う日もあります。「いつまでこんなこと言わせんだよ」とか（笑）。でも相手に勝つことで「この人に嬉しい報告をしたい」とか、相手のいろいろな気持ちを失わせていってしまうところが、カップルという関係性の中にある喧嘩なのです。

喧嘩や仲たがいが発生したら「仲たがいが発生したな、こりゃ」と思って、**まずわかり合えることを信じてみる。**それが信じられなくなったり、相手への関心がいろいろあって

今は持てなくなってしまったりしたら、距離を取るのもありです。勝ちそうになったら、退く。「言いすぎた。ごめん」って。それが良い喧嘩や仲たがいの秘訣なのです。

出口のない恋愛にハマる人

恋愛関係が友達や知人、そして社会的な関係と違うところは、「好き」とか「この人には私がいなきゃ」という、一種の魔法にかかることです。もちろん、この魔法は人をそれまで体感したことがないような素敵な世界にも運んでくれます。

あとやっぱり、**恋愛が他の関係性と話が違うのは、決して「楽」なだけじゃないところです。**

「僕は君を愛している。だから君もお仕事大変で忙しいだろうけど、毎朝7時に僕を起こして僕のために朝ご飯を作ってほしい。僕は目玉焼き2個派です」と言われたら、「好き」という魔法がかかっているうちは苦労ともなんとも思わないはずです。

でも、その魔法が解けたときには目玉焼きを作るフライパンでぶん殴りたくなるか、「なんでこの人ばっかり楽をして、私こんなに苦しいんだろう」と思うと、いろいろなことが行き詰まってきたりします。

ストレートに言うと、不倫みたいに「どちらかというと、出口のない方向の恋愛」にハったことがある人、もしくは現在進行形でそういう恋愛をしている人って意外に多いと思います。

いわゆる「出口が見つかりづらい恋愛」にハマる人って、「消化されないやさしさ」を抱えています。普段は強くて自信があったとしても、大事な場面で遠慮して必ず自分を譲ってしまう。そして、我慢してしまう人。他人に迷惑を掛けないように、自分の中でやさしくあろうと踏ん張り過ぎてしまう、という特徴が見られるのです。

ここは大事なところなので、話を遠回りしながらきちんと説明させてください（お茶とか、飲んでください）。

人間も、動物も、生物としてこの世に誕生したのち、一番はじめにやらなければいけないタスクって「私はここにいるよ！」と叫ぶことなんです。だから、生まれたばかりの小鳥がピーピー鳴いてるのって、どう見てもかわいいです。でもあれって、かわいいだけじゃなくて、「親鳥に〝自分はここにいる〟とアピールして、餌をもらう。気にかけてもらう」という過酷な生存競争をすでにやっているわけなのです。

人間の話に戻すと、子どもが物心ついたときに「ねぇ、なんで私を産んだの？」と親に問うこと。もしかしたらこれを読んでいる人もそう聞いたことがあるかもしれませんが、その質問の背景には**「私はここにいるよ」と叫んでも伝えきれなかった寂しさがある**かもしれないのです。「なんで私生まれてきたんだろう」と独りでつぶやくときにも、この「寂しさ」と「分かり合えなさ」ってあると思います。

生きていくって、「私はここにいるよ！」という主張がうまい人が得をします。恋愛面でいうと、甘えるのが得意な人。でも、それがうまくない人もいます。甘えるにはどうすればいいかわからなくて、自分の周りを武装してしまう人もいます。

僕が見てきた中では、**不倫など「出口のない恋愛」にハマる人は、そういう「甘えるのが苦手」なタイプが多かった**のです。恋愛の相談をしにきていても、とても自立していて、社会的には「有能」で頼られる上司だったり、頼られる部下であったりする人。だからこそ、潜在的にどこかで「この人はちょっと壊れている人だから、多少迷惑を掛けても大丈夫かもしれない」と思える人を好きになるんじゃないか、というのが「出口のない恋愛」にハマる人の特徴に関する僕の仮説です。

こう書くと怒られるかもしれないのですが、「憧れの人との不倫」って、けっこう抜け出すのが早かったりします。でも、**「はじめは下に見ていた人との不倫」って、出口から**

抜け出さずにズブズブになることが多いです。

ここで、「よし、今度こそ私は良い恋愛をするぞ！」とか「甘えてみるぞ！」という決意はしなくていいです。なぜそういう「意気込み」が必要ないかというと、甘えるって努力じゃないからです。自分のゴールを定めて、黙々と「立派になる」という方向性にあるものじゃないからなのです。


甘えるのが上手な人って、どういう人なのでしょうか。

それは、「イタズラをする人」なのです。イタズラって、子どもが「私はここにいるよ」と伝えるためにやる大切なコミュニケーションです。恋愛において甘えるのが苦手な人も、小さな小さなイタズラからはじめてみてほしいのです。

誰かとご飯を食べていて、その人が席を立ったときにお箸を隠しちゃうとか（高難易度だからやんなくていいですが）、「今日嘘ついて面倒くさい飲み会サボっちゃった」とか、最初は「自分との間だけでやる秘密のイタズラ」からはじめてみてください。

「あー、つまんないー、会社やめたーい」って明るく公言している人のほうが、ちゃっかり幸せになったりしている、あの法則と似ているやつです。イタズラ的な発言を少しずつ増やして、自分の中で大切にしてみる。もしよろしければやってみてください。

失恋のダメージをどう乗り越えるか

失恋の痛みって、おそらく他人には説明できないものだと思います。

もちろん、そのダメージって個人差があるかもしれないのですが、失恋をした人の中には、何年時間が経ったとしても「別れ」についてちゃんと整理ができずに、ただただ喪失感だけが残っているという方もいます。

失恋のダメージに対する処方箋は、世の中にたくさん出ていると思います。ふたりでよく聴いていた音楽を聴くとか、ひたすら泣いてみるとか。そういうものもぜひ参考にしていただきつつ、僕が考える失恋というものについてお話をしていきたいと思います。

誰かが誰かと出会い、その人との間で少しずつ接点が増えて、大事な話も、くだらない話も両方できて、好きなものが一緒だったときの嬉しさ。

逆に、自分が好きなものが相手に響かなかったときの焦り。

相手の好きなものを知れたときの感動。

「友達以上」になったときの幸せ感、そして「これ以上先に進んでもいいのだろうか」と感じてしまう不安。


知り合うまで赤の他人だった人同士が同じ時間を過ごし、「もしかして、この人と一緒にいる時間が好きかも」と感じて、一緒になる。それってやっぱり「運命」と言っていいぐらいに奇跡的なことだと思いますし、そうやって一緒になった人って「他の誰でも良かった」というわけではありません。時間をかけて、お互いに「この人にしたい」という想いを作り上げてきたのです。

出会って、付き合うって、そこにはやっぱり「そのふたりでなければ起こらなかったこと」がたくさんあるし、何気ないやり取りや時間も、後から考えたらすごく特別に感じられます。


でも、**別れの残酷さって、出会いと付き合いの時間が特別なものでも、とにかくあっけない**のです。

どちらか一方が別れを切り出して、時間がかかっても、最後まで納得できなくても、いくら頑張って「また頑張ろうよ」と訴えかけても、そのたびに相手が悲しい顔をして、首を横に振るような仕草をする。「愛してきた人」だからこそ、「これ以上この人を悲しませてはいけない」と思って、「わかりました」と別れを受け取る。そしたら、次の日からは「赤の他人」として生きなければいけない。それが別れです。

その「あっけない別れ」を一度でも体験したことがある人って、人を信じることができなくなる時期があります。人生に絶望することもあります。これから先、この人以外で誰かを好きになる自信なんてなくなります。

誰かと別れた後にやってほしいこと。それは、ちゃんとふたりの間にあった物語を思い出していってほしいのです。

ふたりでいることが幸せだった時間、「これぐらいのことでこんなに大ごとになるとは思わなかった」ことで大喧嘩したこと。自分が弱っているときにそばにいてくれたときのこと。「あー、こういうことはわかってもらえないんだな」と失望してしまったときのこと。彼や彼女が準備をしてくれた誕生日旅行が、正直今いちだったときのこと。

朝起きたときに号泣し、目を真っ赤にしながら起きて「あれ、夢か」と絶望的な気持ちになっても、ちゃんと「隣にいるのが当たり前であった時間」を今に引きずってください。

別れを受け取っても、受け入れるまでにはちゃんと時間をかけることが必要だと思うのです。

失恋をした人の義務。それは、特別な人と共に過ごした時間をちゃんと思い出してあげることです。良いことも悪いことも「あなた」と「その人」がいなければ存在しなかった時間なのです。その物語が記憶から薄まっていくまでちゃんと残し続けること。

「消化できない何か」を持ち続けてきた人って、それが「その人にしかない、魅力的な雰囲気」に転化することがあります。

はじめは嘘でもいいです。絶望感を味わって「強くなりたい」と願い、泣いて、挫折をしてきたからこそ、「いや、幸せを絶対にもう一度感じてやるぞ」と涙と共に誓ってみてください。

「星の数ほどいるよ」というアドバイス

よく失恋したあとなどに「ちょっと話を聞いてほしい」と相談事を持ちかけられて、飲み屋さんかどこかで、「まぁ、男（女）は星の数ほどいるよ」ってなぐさめるセリフがあったりするじゃないですか。

これをですね、個人的には言わないポリシーを持っているのです。だからって「そういうことを言うな」と押し付けるつもりは一切ないですし、「男（女）は星の数ほどいるよ」となぐさめる人に対して非難や批判をする意図はないです。

楽しい話というよりは「ちょっとつらい話」を聞く場合、そしてそのつらさが「明日か明後日に状況が好転する」のが見込めない場合。そういうときって話を受け取る側もめちゃくちゃ気が重いです。

生きていて大変じゃない人ってそんなにはいないわけだから、「大丈夫！　元気を出して！　男（女）は星の数ほどいるよ！」と言える人って、たぶんちゃんとやさしいです。「いつまでも暗い○○さんを見るのは悲しい。気持ちを切り替えて前に進んでほしい。大丈夫だから」という励ます気持ちを込めて言っているのだから。

でも、ここからが複雑なのですが、**「前を向く」とか「気持ちを切り替える」って本人のタイミングでやるものであって、他人から指示できるものじゃないかもしれない**のです。

けっこうキツい状況のときに前を向きましょう、気持ちを切り替えましょうって、その意見がまったく間違っていない正論だからこそ、言われたらつらいことってあります。アドバイスで、相手の心にあんまり響かないものって「アドバイスする側が早急に楽になろう」としているケースです。

たとえば、失恋した直後の相手が目の前にいるとして「なんだ、けっこう重い話だな。私だって仕事が大変でイライラしているのにこんな重い話を聞かされて疲れるぞ。帰ってテレビ観たいし。大丈夫！　男なんて星の数ほどいるよ！」って。悪気はないし、無意識かもしれないけど、そこには重い空気を早く切り上げて、相手に前を向かせようとするコントロールが多少入ってしまうのです。

だからもし可能ならば、自分のことをちゃんと正直に伝えて「ごめんね、今仕事がけっこう大変でね、最後まで聞いてあげられないところがあるかもしれない。でも、もし○○さんが苦しいなら、その苦しさってそれだけ好きになった気持ちの裏返しだから、**あなたはしばらく苦しくあることが正しいんじゃないかな。でも、もしなんかあったらちゃんと話してね**」と言えたら。

僕自身も含めて多くの人って、目の前に「今苦しい人」がいると「なんとかしてあげなきゃいけない」とか「救わなきゃいけない」という考えがどうしても出てきてしまうのですが、それって「苦しむことは悪いことだ」という決めつけがもしかしたらあるかもしれないのです。

人が感じていることって、本人にもすべてはわからないし、ましてやその本人の外側にいる我々にももちろんわからない。だから、**「苦しいこと」がその人にとって「悪いこと」って、本人以外はそこまで踏み込んで決めつけないほうがいい**かもしれないのです。

これは僕の実感なのですが、その人にしかできない仕事や生きかたをしていて、それが「魅力的」に見える人って、「解決できないこと」にずっと取り組んできた人が多いんじゃないかと思うのです。

苦しい場面に出合ったときに、解決を目指すともっと苦しくなることがあります。それより腹を決めて、「もっと向き合ってやろう。もっと潜ってやろう」と積極的に「苦しもう」とする選択をしたほうが、スパッと抜けられちゃったりする。解決を目指すと、そこで「誰かや状況がなんとかしてくれるかもしれない」という雑念が生じてしまうから。

「私はこれをやって苦しみたい」って、実はすごく素敵なセリフでもあります。喜びはどうしても「苦しさ」とか「わー、すっごい面倒くさい」の裏側にあるものだから。

相談編

好意のサインの出しかた・見抜きかた

牡羊座のMさんの悩み

自分に好意を持ってくれている人や、「気があるかも」という態度には共通点があるのか？　とふと気になりました。自分が好きな人や気になる人はわかるのですが、最近、どうやって恋をはじめたらいいか迷子になっています。アドバイスをいただけたら幸いです。

しいたけ．からの回答

大人になってから、具体的には高校を卒業して18歳を過ぎたあたりの年齢になると、だんだん「好き」を伝えるのに「告白」がなくなってきたりします。たしか20代の前半の頃、年上の男性と雑談していたら「大人になるとさ、告白ってなくなるんだよね」と言われて、「え、じゃあどうすればいいんですか⁉」と食い下がって聞いたら、「なんていうか、ムード？」みたいにあしらわれて、大変消化不良だったことを今でも覚えています。

ここでは、**「ムードとは何か」をちゃんと責任を持って説明していきたい**と思います。

一般に、ビジネスなどの利害関係のある間柄の人には「意味のあること」を話すものですが、それ以上の仲になる人には「これ、どうでもいい話なんですけど聞いてもらえますか？」と、つい話しかけたくなることがあると思います。

たとえば、僕はケーキの中ではチーズケーキが好きです。でも、いわゆる「そこまで深い付き合いがない人同士」で集まったときに、誰かがケーキを複数買ってきたとして「どれを食べます？」と聞かれたら、「チーズケーキ好きなんですよね！」という意見は、たぶん言わないと思うんです。そこはもう大人として、「わー、全部おいしそうですね！」と言うと思います。

だけどその中に自分の気になる人がいたら、あとで「実は、チーズケーキ好きなんですよね」って言っちゃうかもしれません。なんかですね、**恋のはじまりって「ファミレスの中ではデニーズが好きなんです」とか、そういうかなり個人的な情報に含ま**

れているのことが多いのです。だって、それは他の人の前では全然意味がないことなんだけど、「この人とは、デニーズ好きを共有できたら嬉しいな」と感じているということだから。

相手の「好意があるサイン」を知りたいということなのですが、恋愛経験が多い人って、「あ、サインだ」って、わかるのかもしれません。でも、そうでない場合は、気になる相手に対して、できるだけ**「他の人には無意味でどうでもいいかもしれない、でも私の中では共有できたら嬉しい」ということを話してみて**ください。あなたの意味のない話を「えー、それ話してくれてありがとう」という表情で嬉しがって聞いてくれたら、それは相手からの好意のサインですよ。

相談編

浮気性の異性ばかり選んでしまう

Nさんの悩み

もうすぐ30歳になる女性です。異性を見る目がないのか、浮気性の人と付き合うことが多く、恋愛に対して自己肯定感が低いです。今付き合っている人も、そんなことしないとは思っているものの先日携帯を見てしまい、罪悪感でいっぱいです。どうしたら、自己肯定感を高められるのでしょう。そして、今までの経験を乗り越えられるのでしょうか。

しいたけ．からの回答

これは僕の考えなのですが、たとえば、

・こういう場面で自信がない

・尻込みしてしまう
・思いきって向き合うことに対して震えてしまう

という場面に対して、それを乗り越える体験を作っていくためには**「いったん、全部の準備をぶっちぎって、ぶっつけ本番でやってみちゃう」**のがいいと思います。なぜなら、恐れや恐怖は準備を加速させるからなのです。

たとえばなんですけど、「なんでも話せる友人」に会うときと、「うわー、ちょっとこの人苦手なんだよな。先週も怒られたし」という相手に会うときって、圧倒的に心の準備が違うじゃないですか。僕なんかは苦手な人と会う場合は、その駅に先に30分ぐらい早く行って、ブツブツ言いながら周囲を歩き回ったりしてしまいます。その人に会うのが怖いから、準備をしちゃうんですね。

他人の携帯を見ちゃうって決して擁護できる行為ではないですけど、「コミュニケーションに準備をし続けて、相手に嫌われてはいけない。相手を喜ばせる自分であることを自分に強いてきた人」がよくやってしまうことなんじゃないかと思います。相手のことを知って、相手と接する前に準備したいと思うからなんですよね。

でも、それってやっぱりどこかで**「積んでも積んでも、自信が持てなくなる準備」**

なのです。ですから、1回は「準備をしないで、会う」とか、ぶっつけ本番をやったほうがいいと思います。一番おすすめなのが、**ネットで前評判を調べないで、ひとりで知らない蕎麦《そば》屋に入っちゃうとか**ですね（蕎麦アレルギーの人以外）。

そのお店が失敗だったとしてもいいのです。「うわー、この蕎麦まずい」と思ってもいい。でも、自分でグッと「ここにしよう！」と決めて入って、ドキドキしながらメニューを見て蕎麦を頼む。食べる。まずい！　それでお店を出て、ちょっと歩いたときには、妙な清々しさがあるはずです。ぶっつけ本番、雰囲気だけでお店を選んで、そういう「清々しい雰囲気」を身に着けていくと、コミュニケーションも思い切ってできるようになっていきますよ。

失敗してはいけないという気持ちが、浮気性の相手を引き付けてしまうところってあると思います。その意味を考えながら、試しにぶっつけ本番でお店アタックしてみてくださいね。楽しいですよ。

相談編

「すぐに結婚を考えられないから別れる」について

蟹座のMさんの悩み

おうかがいしたいのは「結婚」についてです。先日、付き合っていた彼氏から「好きな気持ちは変わらないし、恋人としてはずっと関係を続けたい。だけど、今すぐ（経済的、仕事的に）結婚できない自分が無責任すぎて申し訳ないから、別れたい」と言われました。

相手も私も30代ですが、私から結婚に対して何か話を振ったわけではないのでこのような切り出しかたにびっくりしました。今一緒にいて居心地がいいとか、楽しい気持ちを大事にしたいとは伝えていたのですが……。気持ちを改めて伝えましたが、彼の気持ちが固く、お別れすることになりました。こんな状況の私にこうしたらいいよ！　というのがありましたら、ぜひ教えてください。

しいたけ．からの回答

これ、本当に不思議なのですが、男性も女性もなぜか蟹座の人には「別にこちらから言ったわけではないのに、相手から勝手に結婚について切り出されて、お別れした」というパターンがよくあったりするのです。どうしてそうなるのかを、僕なりの蟹座への考察も交えて説明していきたいと思います。蟹座以外の人でも「すぐに結婚を考えられないから別れる」にモヤっとしたことがある人は、ちょっとこのまま話を聞いてみてください。

お付き合いすると、お互いに対して「好き」という感情をなんらかの形で伝えていきます。たとえば、牡羊座だったら「今日何か食べた？　一緒にどっか行こうよ！」と言ったり、牡牛座だったら「これおいしいから食べてみてよ」と、自分の好きなものをすすめたりします。牡羊座は「テンションを分かち合いたい」と願い、牡牛座は「自分が好きなものシリーズを一通り説明したい」という特徴があるのですね。

蟹座の場合は、**本人が思っているよりも愛情を共有したい思いが強い**のです。これって、「私はあなたを結婚うんぬんではなくて、人生の中で特別な人と思っている。だから、あなたのこと、そして私のことをできれば共有したいと思っている」という、すごく健気な気持ちなのです。

誰でも「パートナー」とみなした人と、自分が好きな映画や音楽、空間、そして仕事に対する誇り、家族について……そういうものを共有したい願いはあります。その思いは素晴らしいのですが、気づかないうちに**相手の「あなたはあなたで勝手にやっていい部分がありますよ」というところを塞いじゃう**ことが起こっていたりするのです。

「いやいや、別にそこまでやってないっすよ」という反論があると思います。モヤっとする部分もあると思います。こっちはそんなつもりがないのに、相手がプレッシャーとして取ってしまったんだから。

ではどうすればいいのか。

蟹座やこのようなケースに陥りがちな人が抱く「自分の人生に対する責任。そして、相手を選ぶ責任」って、ちょっと武家の人のように感じられてしまうところがあります。**相手が「それだけ思われているから、責任を取らないと切腹」と勝手に受け取ってしまう**ことがあるのです（ちょっとへこませてしまったらごめんなさい！）。

だから、これからお付き合いする人にはこまめに、「私はあなたのこういうところが好き」と伝えてください。「こういうところが好き」を照れて言えないで、「あなたを支えたい」という武家スタイルでやっていくと、相手が勝手にプレッシャーとして感じてしまうことがあったりもするから。

相談編　人との距離の縮めかた

牡牛座のTさんの悩み

「歩み寄るチャンス」について質問です。人に頼るときや悩みを相談するときなど、本音を出そうとすると少し逆ギレ状態になってしまいます。逆ギレしないと本音が出せないのです。歩み寄ることが苦手で、抵抗があるという人にアドバイスいただけたら嬉しいです。

しいたけ．からの回答

歩み寄るって、すごく面白いことで、「好意をあからさまに示すと相手がちょっと引いてしまう問題」ってあるじゃないですか。今まで友達や知人の関係だった人に「急なんだけど今週の土曜日空いてる？」といきなり切り込んだら、相手側は「え、なになに？」となります。そこで相手が「自分に対して好意がある」とわかっていれば、「え、空いてる、空いてる！　どっか行こう！」となるのですが、そういう場合は「ちょっと誘ってきてくださいよ」というサインがあったりするのかもしれません。

いずれにせよ、**「相手が自分に好意があるかどうかわからない状態で、相手に一歩近づこうとする」ってすごく怖いことでもある**と思うのです。「異性も同性も、突発的に〝どっか行きましょう〟」と誘えるキャラの人は例外なのです（これ、大事なことなので覚えておいてください）。

ちょっとこういう話を聞いていただきたいのですが、恥ずかしいことに学生時代の僕は性格がひねくれていて、近所の大人同士で交わされる「毎日暑いですねぇ」とか「寒くなりましたねぇ」といった挨拶の必要性が、全然理解できませんでした。「いや、言わなくても暑くなったとかわかるじゃん」って。尻が青かったのだと思います。

今ならわかるのですが、あれはただオチがない、「こんにちは」に続く意味のない会話というわけではなかったのです。**「何かあったら話してもらって大丈夫ですよ」のサイン**なのです。

ご近所同士で何十年と顔を見知っている間柄でも、「こんにちは」で終わったらそれまでだけど、そのあとに「毎日暑くなりましたねぇ」と続けたら、「そういえば最近」って何か聞いてもらいたいことがあるときにつなげることができる。似た例でいうと、美容院に行ったときに「お休みどこか行くんですか」とか、話しかけられるのが苦手な人っていると思います。でもあれって「もし良かったら、あなたのことを教えてください」という会話の呼び水で、別に断ってもお互いにあんまり傷つかない。

話を戻して、大事なことを言いたいのですが、「好意を持つ人がいるけど、その人にもう一歩近づくためにはどうしたらいいかわからない」という人は、人見知り成分を持っています。人に歩み寄るには、周囲にいるそれほど気を遣わなくていい誰かに対して、心の中で「暑くなりましたねぇ」などと話しかけてみてください。マンションの管理人さんとか、炎天下で車を誘導しているガードマンさんとかでもいいです。「暑いのに大変ですね。ご苦労様です」と声をかけてみる。これがおばちゃんやおっちゃんの年になってくると実際に声をかけられるようになるのですが、若者はやっぱり恥ずかしいし、変になっちゃうから心の中だけで大丈夫です。

1人の好意のある人に話しかけたい、自然な感じで打ち解けたいと思ったら、最低10人には「暑くなりましたねぇ」と心の中で声をかけておく。「あの人と仲良くなりたい!」と猪突猛進スタイルで狙いを定めていくというよりは、「あの人が気になるおかげで、私はいろいろな人の表情が目に入るようになった。世の中ってたくさんの人の仕事や気配りでできているんだな」というふうに考えて声をかけていくと、あなた自身の表情がもっと素敵になります。その人を知る前の自分よりやさしくなり、「せっかく気になる人ができたし、いろいろ頑張っていきたい」と、ちょっと強くなった自分ができていくから。

頑張ってください！

相談編

「落ち着いたら連絡をください」のあと

射手座のKさんの悩み

現在気になっている人がいます。1回会ってその後連絡をしておらず、少し間が空いて、「また会いたい」と言ってみました。しかし相手の方はお忙しいようだったので、「また落ち着いたら連絡をください」とだけ伝えました。なんとなくダメかなと感じています。まだ傷は浅いほうだと思うのですが、あんまり恋愛をしてこなかったので、どうやって自分をケアしてあげればいいかわかりません。

しいたけ．からの回答

やさしくて、配慮のある人って、こういうところで「もっと強引にいけば良かったかな」と考えてしまう夜もあります。

「あー、良い人だったのに」と後悔することもあると思います。でも、**やさしさと相**

手に対する配慮って、人が持つ最強の魅力のひとつです。やさしさと配慮を自分の宝物にする。そこにきちんと誇りを持つ。それをちゃんと信じて、人との間、特に恋愛に関してはある程度、長期戦の気持ちでやってみてください。

「傷は負った。でも、私はなるべく腐らない生きかたをしていくぞ」と決める。ときどきは腐ってもいいです。

射手座としてのアドバイスもお伝えすると、射手座は「負けてたまるか」という気持ちの震わせかたをしがちです。「いや、ここで負けるかよ」みたいな。でも、ずっと「勝ち続ける」をやってしまうと、人生で体験するいろいろなことを「勝つか負けるか」という面だけで見てしまうようになったりするから、「ちゃんと傷を負う」って大事なことなのです。

自分のやさしさと配慮、そして「傷つきやすさ」を受け止めて、それで「他人にこれからもやさしくする。そして、伝えるべきことは伝える」というまっすぐな生きかたが一番合っているんじゃないかと思いました。

第4章

用がないのに居られる場所を見つけよう

（人間関係と処世術）

いきなりですが、僕は人間関係や付き合いを考えるときに「相手や自分がどんな食材であり、なんの料理なのか」って考えてみることがあります。

たとえば、バイタリティーがすごくあって、メイクや香水がバッチリ、靴もピカピカで、会うと必ず「最近あった面白くておしゃれな話」が2、3個すらすら出てくるし、いつもお金の匂いがしている。話しているとこちらまで「よーし、俺もやるぞー」とパワーアップするような気分になれる。そんな人を、僕は「サーロインステーキの人」と呼びます。

一方、静かな佇まいで、あまり自己主張しないけれど、ちょっと質問するといろいろな物事に対して自分の考えをしっかり持っていることがわかる。悩みを相談したら親身に聞いてくれて、なんだかほっとできて滋味深い。そんな人のことは、「煮物の人」と呼びます。

そして、「どんなに栄養価が高そうでキラキラしている料理でも、今の自分の胃腸の状態に合わせないと消化不良を起こすなぁ」というのが、最近仕事でもプライベートでも人間関係を見る際にひとつの目安になっています。

学生時代は毎日焼肉でもいいと思っていたし、サーロインステーキは「大人だからこそ食べられる贅沢《ぜいたく》」だと思っていました。友達同士でお店に行っても、「いつか稼げるようになったらステーキ食べたいな」と心の中で思いながら、そっと少し廉価なハンバーグのほうをみんなで頼む。その「ハンバーグの輪」ってすごく好きでした。

僕自身がサーロインステーキの人なら、ずっと刺激を与え合う関係性を続けたいのですが、年齢とともに「里芋とがんもの煮物」とか「分葱《わけぎ》のからし酢味噌和え」とかのおいしさやありがたみに惹かれてきて、サーロイン先輩とは食べ合わせが悪い。

もちろん、今でもサーロインステーキはご馳走ですし、好きです。でも、毎日食べる必要はなくなってきちゃったし、自分に食べられるご飯をちゃんと消化していきたい。

年齢とともに求める栄養が変わってくるように、人間関係も少しずつ、今の自分に合うものに変化させていくことがあってもいいんじゃないかなと思います。

帰りの電車で「ズーン」にご注意

「その人と会ったあとや話したあと、帰りの電車の中での〝重力〟はどうか」ということを、ちょっと大げさかもしれませんが、僕はずっと自分が生きるうえで人付き合いの指針のひとつにしてきました。

すごく良いことや正論を言われたとしても、**その人に会ったあと、帰りの電車でひとりになったときに「ズーン」とするものがあったら、それは「自らの生きようとする力」がなんらかの形でダメージを受けている**と感じるからです。

「え、そんなことも知らないの？」

「みんなそう思っているよ」

こんなセリフは、けっこうな深さで心や体に「ズーン」を残します。「あれ、あの人は明らかに私に対してちょっと悪意があるよな……」って。苦言や小言、そしてアドバイスを伝える側に意識的にせよ無意識的にせよ、「相手を叩き潰す。視界から消そうとする。もしくはダメージを与える」という意図が少しでもあると、それを伝えられた側は心に重力を感じてしまいます。それが、「ズーン」の正体です。

相手に「ズーン」を残す。その上級者になると、意図的に「ズーン」を与えて「あぁ、私が悪いからこんなこと言われたり、怒らせたりしちゃうんだろうな」と、相手に罪悪感を覚えさせるケースもあります。DVをする人なんかもよく用いる手です。

一方、伝える側に相手を傷つける意図が少しもない場合には、

「えー！　それ知らなかったの！　じゃあまた資料送るね！」

「わー、すんません！」

というふうに、その場でカラッと済んでしまうことが多いです。問題は〝意図されたズーン〟なのです。

人には、**「目の前の人をつなぎとめようとする」という習性**があります。それがあるからこそ愛が生まれるし、関係性が築かれていくのですが、同時にダメージが発生することもある。

でも、「えー、そこまで言います？」と頼まれてもないのに脅すようなことを言ってくる人の真の目的は、**「相手が離れないように自分のそばに縛りつけておきたい」という〝寂しい〟のメッセージ**であることが多いのです。だから、「あー、寂しいんだなこの人。かわいそう」と思うと、少しダメージを流せたりします。

相手にダメージを残す人って、だいたいが「伝えかたがわからない。もしくは、そういう伝えかたでこれまでずっと生きてきてしまった人」です。あなたというより、他人という存在に対してちょっとだけ悪意があるのかもしれません。

相手に何か気になることを言われて、別れたあとの帰りの電車の中で「ズーン」を感じたら、あるいは、自分の許容範囲を超える気持ちのやり取りを持ち掛けられたら、

「あー、ごめんなさい。そういう伝えられかた、無理なんで」

と、心の中で「その人」ではなくて「その発言」を拒絶しましょう。そうすると、ズーンのダメージは2日ぐらいで消えます。

ここで注意したいのは、僕自身、「じゃあ言いたいことも言わずに、みんなで緩く生きましょう」ということを提案したいわけではないのです。時と場合によって、「ちょっと

待って。そんなことも知らなかったの？　そうか。じゃあ明日までにこれを調べておいて。基本の基本だからそれは」とお互いにハッキリ言い合わなければいけないことって、もちろんある。だからこそルールは必要であり、そのルールとは**相手になるべくズーンを残さない配慮をすること**なんじゃないかと思います。

僕も、たまに「あ、この一言で相手にズーンを残してしまった！」と確信して「やってしまった！」と思うこともよくあります。そういうときはできるかぎり、次にその人に会ったときにボソッと「あれ、気にしすぎかもしれないけど、この前ああいう言いかたをしてごめんなさい」と謝罪をします。

二度と会わない相手だったりするとすごく罪悪感を覚えるのですが、そういう場合は苦みを噛みしめて、「次回以降に活かしていこう。相手にズーンを残しちゃったってことは、あのときの気持ちには愛がなかったよなぁ」と反省しています。

その人と別れたあとの帰りの電車で「また会いたいな」と思える、少しぬるい空気になれるのか、「え、なんだったの？　なんだったのあれ？」ってちょっと硬直するような感覚が残るのか。**会っているときよりもソロタイムに何を感じるかって、けっこう大事なこと**だと思います。

他人の悩みを聞くときの心得

僕はわりと「愚痴を吐く」という行為に対しては肯定的な見方を持っています。ガス抜きのためにも必要だし、適度な愚痴や痛みを他人に対して公開することって、「なんかこの人かわいいな」という評価につながることもあったりするからです。でも、世の中にはきちんと有害な愚痴も存在します。それはすごく体感的なことなのですが、**「救いのない、その愚痴を聞いていると、自分の体の生気が吸い取られていくような愚痴」**にはちょっと注意が必要です。

僕自身も有害な愚痴を言っているときってあると思うし、「そういう愚痴を吐く人はダメ」とは言いません。ただ、占いなどで人と会っていて「この人はかなり疲れてしまっているな」と思われる人って、話を聞いてくれそうな人の前で堰《せき》を切ったようにずっと、「もうね、私ダメなの」と愚痴を言い続けてしまうことがあるのです。

生きていれば、ある程度の傷や疲れは背負っていくじゃないですか。そのたびに人は怒ったり、悲しんだり、またはそのタイミングが過ぎると喜んだりとか、「表情がある生活」をしています。だから、**理不尽なことがあったりしたときに「ねぇ、ちょっと聞いて！」と怒った表情で他人に愚痴を吐ける人はけっこう健康的**です。聞いたあとに「あー、ごめんね。いろいろ話しちゃって。でもすっきりした。ご飯食べにいこ！　お詫《わ》びにごちそうする」とか言えたりするから。

ところが、もっともっと疲れてしまっている人って、愚痴を言う「表情」がなくなっていくのです。表情がないから話を聞く側も「なぐさめたらいいのか」「大丈夫と言ったらいいのか」「正論を言えばいいのか」「ただ聞けばいいのか」……とか、その判断が全然つかない。そして、「話の終わりが見えない」救いのない愚痴を吐き続けてしまう。

そんなふうに無表情に近い、どう考えても「今頑張れない状態」にいる人と向き合ったときはどうしたらいいのか。**「愚痴を受ける側」のアドバイスをさせてください。**

そういうときは、

「いろいろあったんだな。かわいそうに」

と思ってください。心からの同情じゃなくて大丈夫です。

「もうね！　あなたは立派に頑張ったよ！　すごいよ！」と抱きしめるレベルの同情が100だとしたら、「あー、いろいろあったんだね。かわいそうに」と50ぐらいの同情度で大丈夫です。

これは僕が相談を受けてきた実感なのですが、無表情になって愚痴を吐き続ける人は、過去のどこかで次のようなことを経験して、「時間が止まってしまっている」ことがとても多いです。

・恋愛ですごく尽くしたのに、すごく好きだったのに、付き合っていた相手が結果的に不誠実な人で、一方的にエネルギーを搾取された。
・割り切って行動していると思っていたけど、実は細かい傷を受け続けて、自分がそんなに器用じゃないことに気づいているけど、自分の性格の修正の仕方がわからない。
・仕事などでとても頑張ったけど、一番大事なときに誰かからの横やりが入って、本来自分が受け取るべきだった（と自分が想定していた）成果が、誰か他の人のもとに行ってしまった。

こういう消化不良感が心の中に蓄積されていくと、人は「燃え尽き」を起こします。すると、「また裏切られるんじゃないか」「また何も返してもらえないんじゃないか」と、「今」に向き合うのが怖くなります。それで、自分の時間を止めるようなことが起きたりするわけです。もしもそういう人に向き合う機会があったら、彼なり彼女なりの時間を無理に前に進めようとは思わないでください。

僕は思います。できれば、人は生きていく中で何事もなく、健康的で居続けられるほうがいい。とはいえ何かの拍子にどうしても希望が抱けなくなったり、病んでしまったりすることもあります。そういうときは、**その「病み」はある程度は尊重されてもいいんじゃないか**って。「病み」を無理に矯正してあげようとお節介を焼くよりも、「あー、この人本来すごく素敵な人だろうに、いろいろあって今は病んでいるわけね。かわいそうに」と思ってほしいのです。

受け止めるのではなくて流す。すると、「お茶漬けにほのかに入っている海苔《のり》」みたいにジワーッと、やさしさや思いやりがその人に広がっていったりするものです。

NOと言えない人の知恵

僕はいわゆる**「断れない性格」**です。共感してくれる人がいたら嬉しいのですが、たとえばLINEで誰かに「もし良かったら明日空いてる?」と誘われたら、「明日は絶対にどこも空いてない」と思っていてもとりあえず、もう1回スケジュールを確認してしまうし、「せっかく誘ってくれたのに断るのは申し訳ない」という気持ちがすごく強く残ってしまうのです。

でも、それで無理に予定を合わせてしまって、あとで「休む時間がなくなった!」などのしわ寄せがくるのを5万回ぐらい引き受けてきたので、さすがにもう今は「あー、ごめんなさい! また機会があったらお会いしたいです」とお断りできるようになったのですが、なんかこう、自分の気持ち的に**「罪悪感を抱かない方法ってないかなぁ」**ってずっと考えてきました。

それで最近、こういうやりかたを見つけたのでおすすめしたいのですが、何か誘われたり、頼まれたりしたら枕詞に「相手はダメもとで頼んできている」と、付け加えて受け取ること。相手の誘い文句に脳内で言葉を付け足してみるのです。

「（ダメもとで、万が一でも大丈夫だったらでいいんだけどさ）明日空いてる？」

「（ダメもとで、万が一でも大丈夫だったらでいいんだけどさ）もう1軒いきましょう」

「相手はダメもとで都合よく頼んできている」と受け取ると、かなりダメージが軽減されるのです。無理なお願いを「悪いな」と思って聞いていると、いつの間にか体力や気持ちが削られていって、今度は自分が「どうせ乗ってこないよな」とか「悪いよね」と思って人を誘えなくなってしまう。断るのが苦手で、人の期待に応えられないことに罪悪感を感じてしまう人はぜひ、「ダメもと作戦」を使ってみてください。

この「ダメもと作戦」の素晴らしいところは、**変なお説教にも有効**なのです。

「（ダメもとで、万が一でも大丈夫だったらでいいんだけどさ）あなたのそういうところ良くないよ」とか。もちろん、言われる筋合いがない、「ちょっと違うんだよな」という押し付けのような変なお説教に対して、ですよ。ちゃんとした説教は心を込めて聞いてくださいね。

引き合う人には2種類ある

これは僕が自分自身の人生を通して思ったことと、あとはいろいろなお客さんに会ってきたときに感じた「出会い」というものの性質なのですが、人との出会いって2種類あると思うのです。

①同じ匂いがする者同士が引き合う出会い
②「扉の向こう側」に導いてくれる出会い

やっぱり「自分と同じもの」を持っている人同士が引き合うのは当然のことで、趣味や好きなミュージシャンが一緒だとか、あとはですね、昔暴走族をやっていた人が「若い頃にやんちゃしてた人は、大人になってどんなに真面目になったとしても〝やんちゃしてた〟匂いが残っている」というようなことを言ってたんですが、そういう「同じ匂いがする人」

同士が引き合って、惹かれ合っていく①のパターンはとても多いと思います。

ほら、知り合ったばかりの人同士で、お互いにちょっと好意を持ったら「普段どういうお店に行って、どういうものを食べるのか」って自然に聞くじゃないですか。あれはたぶん、「その人は生活の中からどういう匂いがする人なのか（この人の週末の匂いは焼き鳥屋でビールなのね」など）というのを確認しているんですね。自分がその匂いの中に一緒にいられるかどうかを、たしかめる行為なのです。

ここまでの説明って「まぁ、そうだよね」ってなると思うのですが、もうひとつ②のパターンの出会いがあります。そして、こっちの出会いで引き合うほうが実は重要だと思っています。

それは**「弟子の準備が整ったときに、師が現れる」**みたいな性質の出会いです。「あなたはもうそろそろその扉を開いてもいいんじゃないかな。だってあなたがその気にさえなればできることだもん。だからその扉を開いて、こっち側に参加しない⁉」と導かれる。自分に開いていない可能性の扉があって、その扉が「そろそろ開きたいです。私」と外に気持ちが向きだしたときに開いてくれるキーパーソンが現れるのです。

僕は、人との出会いって自分が持っている**「なんだかよくわからない大切なものを、そ**

れを必要としている人に手渡していくため」にあるんじゃないかと考えています。もちろん、「すべての出会いに意味がある」というような壮大なことは、自分の実感が伴っていないから言えませんが、多くの人にとって「あの人との出会いがなければ今の自分はなかった」という人がいるはずなのです。

その人と会ったおかげで、今まで知っていた世界が違うものに見えた。明日が来るのがこんなに楽しみで、こんなに不安になったことはなかった。自分のことを誰よりも先に報告したくて、その人のことも誰よりも先に知りたい。一緒に喜び合いたい。

ときに「出会い」に必死になりすぎてしまってうまく扱いきれなくなったり、区切りを迎えたりすることもあります。でも、「出会い」って必ず続いていきます。

だって、あなたはその人から大事なものを受け取ったのだから。

みんなと一緒にお風呂に入れない

あるラジオ番組に出演したとき、パーソナリティの方が「みんなで入るお風呂が苦手です」とおっしゃっていました。それを聞いて、僕は「その話、1時間ぐらいしたい！」と思ったのですが、時間の関係で一言も触れることができずに終了しました（笑）。なので、ここでお話ししたいと思います。

「みんなと一緒にお風呂に入れない」のように、「なぜだか知らないけど苦手なものや、苦手な行為」って多かれ少なかれどの人にもあって、小さい頃は悩まされてきたと思うのです。

たとえば、運動が苦手な子は、毎年近づいてくる運動会シーズンに憂鬱な気分になることもあっただろうし、みんなの前で文章を読むのが緊張しちゃう子は、国語の時間に先生に当てられるのが恐怖だったとか、そういうことってもう大人になって忘れていることも含めてけっこうあったりしたんじゃないでしょうか。

そういう**「他人から見ればなんでもないようなことだけど、本人にとっては重大な弱点」を抱えてきた人って、大人になると傑出する可能性が高い**なぁとつくづく感じるのです。

「みんなと一緒にお風呂に入れない」とか、他人からすると「え、なんで？」と言われるような「周りにはどうでもいいけど、本人にとってはすごい弱点」を抱えているのってドキドキすると思うのです。

修学旅行に行って「じゃあお風呂入ってご飯食べようか！」と誰かが提案したとします。旅行でみんなのテンションも上がっている。そんなときに「いや、私は……」ってなかなか言い出しづらい。「風邪パターンは前回の旅行でもう使ってしまった」とか頭をよぎる。みんながお風呂に入ろうと言い出す時間に「スーッ」と部屋からいなくなったりする。

人は弱点があると、それを努力で克服しようとします。

「みんなでお風呂に一緒に入るのが苦手」だったら、「あの子は他ですごい頑張っているし、いいよ一緒に入らなくて！　別行動でいいよ。それにしてもあんなにしっかりしてる人がみんなと一緒にお風呂に入れないなんて、なんかかわいいよね」と、「あなたはそれでいいよ！」と言われる資格を得るために人は死にもの狂いの努力をすることが多いです。

弱点は、ときに子どもにとって死活問題になるぐらいデリケートな話になることもあります。ちょっとハードルが高いけれど「いや、私の走りかた変なの。みんな笑って」とか、あえて弱点を大げさにやってみせて「笑い」に変えられたりすると、その弱点はクラスの中で市民権を得て、いじめられる可能性が少なくなったりする。**「その弱点を持っていてもいいよ」と他人から居場所を与えてもらうために、すごく頑張る。**そして、いつしか弱点から育った努力によって、その人にしかない輝きを持つことにもなる。世の中のすごい人たちの努力の第一歩って、そういう「人間くさい」エピソードからはじまっていることが多かったりするのです。

ちなみに、修学旅行などの集団行動で「座持ち」しない孤独を愛する少年だった僕は、今ちまちま文章を書けることに幸せを感じています。

人と同じじゃないほうがいい時代

少し前に、お仕事でりゅうちぇるさんにお会いする機会がありました。

話はすごく盛り上がって、りゅうちぇるさんって子どもの頃にずっと「普通じゃない」って言われてきたみたいなのです。それで、「普通って何？」と思いつつも、自分のしたいファッションをし続けてInstagramに投稿し続けたら、原宿のファッション好きの人たちから「この子すごい」と言われて、そこから交流がはじまったそうなのです。

りゅうちぇるさんのあとに続けるのはすごく恥ずかしいのですが、僕も学生時代に「普通じゃない」と言われてきました。高校生の頃は「イギリス人になる」というのを目標に毎日学校に紅茶を持っていき、ひとりティータイムをやっていました。大学に入ってもあまり人とは会話せず、家の畳に話しかけていました。でも、そういう「変なこと」をし続けると、いつの間にか「君面白いね」と言ってくれる人が出てきてくれる。

で、りゅうちぇるさんとも話したのですが、**「何か自己表現をしている人って『これを**

言ったら怒られるかも』ということを言ってしまったり、『これをやったら変に思われるかも』ということを思い切ってやっちゃったことがあるんじゃないか」って。

なんかほら、たまに夜に駅から自宅に帰宅している途中ですごい気持ち良さそうに歌を歌って歩いている人がいるじゃないですか。で、こちらの存在に気づくと「あ」ってなって音量を下げる人。歌っているうちに気持ち良くなってしまった。それで、周囲の空気を忘れて歌い続けた。あれぐらいの勇気でいいと思うのです。

他人から見た「正しい・正しくない」はもちろん大事だけど、「自分がそれをしていて気持ちいいか、楽しいか」ってもっとも大事なことだと思うのです。

自己表現って、やっぱり原点としては10代ぐらいにあるものです。自分はスペックも足りないし、他人より秀でた部分も器用にできるものも何もない。「でも、この時間だけは私にとって特別な時間だ」という宝物の時間を、他人からの「正しい・正しくない」「面白い・面白くない」という評価に巻き込まれずに、大切に自分ひとりで育て続けること。

他人から見たらバカげているかもしれないけど、私の特別な時間をバカにする人は許さない。自己表現にはときに喧嘩腰であることも必要です。**「あんたに何がわかる」という気概って、自分の才能を育てて発揮していくうえで大事な土壌になるから。**

生き残る手段としての「緩さ」

ちょっとこういう話を聞いていただきたいのですが、昔働きすぎて健康を害したことがありました。別にどこかが深刻な病気になったというわけではなくて、疲れが取れなくなってしまったのです。

それを見かねた知人が、「いいところ知ってるよ」とお医者さんや健康についていろいろやっている整体師さんを紹介してくれました。その紹介されたところがまぁもう、申し訳ないんだけどすごく合わなくて（笑）、すぐに逃げてきました。

これは個人的な経験談なのですが、健康に関する仕事や専門技術を用いるところって**「激しめと緩め」**があると思っていて、僕は個人的には後者の「緩め」のタイプのほうが腕がいい人が多いし、けっこう長く付き合っていけると感じています。

緩いほうの先生って「あー、今日も悪いっすね。ハッハッハ」と笑ってくれるんです。今ときどき通っている整体師さんは、もう本当にそんな感じなのです。緩い。多少の不健康は「しょうがないっすよ」って許してくれる。

そして、「ここまで頑張りましたね。では不健康は私がサポートします」と不健康を咎めてこないのです。その咎めない空気に、どれだけ救われるか。これは相性や好みの問題でもあるのですが、健康に関わる人で激しめの方って、「咎める」空気を持っている気がします。

その人自身が無表情なのか不機嫌なのか、なんだかわからないけど「自分はいろいろなことを知っているが、みんなは無知」という独特の威圧感を持っていたりする。

僕もときどきあるのですが、相談を受けたり、「先生、助けてー」と言う側にとっては目の前にいるその人が「良い人」だと信じたいのだけど、「助けて」を受け取る側ももう限界まで疲れを溜めちゃっていることがあったりします。余裕のなさから不機嫌に転化しちゃったりしているパターンもけっこうある。


自分の思い通りにならないことに対して「怒り」とか「不機嫌」で突破してこようとする人たちって、若い頃にめちゃくちゃ努力して、気合によって物事を突破してきたタイプに多い気がします。でも、そうやって「優秀」を勝ち取ってきた人は気をつけないと目の前の弱っている人に不機嫌や、場合によっては絶望感を押し付けちゃうこともある。

なんかこう、自分が歳を取ったからかもしれないけど、**「僕バカなんですよね。ハッハッハ」って普段から言っている〝隙がある人〟のほうが、日常でも長く頼りにできるプロフェッショナル**なんじゃないかって思います。

真剣に、ひたむきに頑張っている人を批判したいわけではなくて、追い詰められたときこそ「緩さ」が救ってくれるということを経験者やプロは知っているんじゃないか、という思いがあって書きました。

アメリカ映画などでよくピンチのときにこそおどけたり、とぼけたりするキャラクターが出てくるみたいに**「生き残るために、緩さは良好な手段」**なのだと、咎めないありがたさがもっと世の中に受け入れられていくといいなと思っています。

相談編

同僚の悪口に疲れてしまう

Sさんの悩み

広告関係の会社に就職したのですが、周りのみんなが人の悪口ばっかり言います。もちろん言わない人もいますが、特に同期のひとりが、何かあるたびに私に愚痴を言います。せっかく好きなことを仕事にできたのでやりたいことに集中したいのですが、どうしても不満が溜まります。この気持ちをどうやって処理すればいいのでしょうか。

しいたけ．からの回答

ちょっとこれは僕自身の体験なのですが、男同士でいる場合と女性同士の集まりの中で出てくる「悪口」を比べると、やっぱり女性同士の集団のほうが言葉の威力が強いと感じたりします。

男性同士の「悪口」って「あいつどうしようもねーな」とか「本当すげーよな」と

か言い合ったりはするのですが、ある程度のところで「あ、それよりさ、あそこのラーメン食べた?」と別の話になったりして、なんていうか愚痴とか悪口があんまり深いところにまでいかないような防衛機能を働かせていることが多いような気がします。

女性同士のほうが「ねぇねぇ聞いた?」からはじまって「あの人さ、この間こういうことをしていてさ。あり得る?」と続いて、その場にいない人のことを欠席裁判みたいにその集団の中で権力を握っている人がこきおろしたり、けなしたりする場合があったりするでしょう。それでいて次に会ったときには、ケロッと「おはよう! 土曜日どうだった?」と何事もなかったかのように話しかけたりする。

これを、単なる「ガス抜きだから気にするな」と言うことも可能なのかもしれません。でも、もうちょっと感受性が鋭い「受け取りやすい人」だったら(この相談者さんもそうだと思います)、「悪口を言い合っているときの雰囲気」にやられていくと思います。

「人が人の悪口を言っているときの空気」、つまり「毒気」のようなものを、昔からの言葉で「瘴気《しょうき》」と呼ぶのですが、気持ちを強く持たなければ、そういう悪い空気にやられていってしまうと思います。

対策をお伝えします。人の悪口を言う人は次のようなところがあります。

①自分の立場にまったく自信がない。いつでも誰かに追い抜かれ、自分がチヤホヤされなくなることをかなり恐れている（妹や弟ができたときに注目の的から追い出される兄や姉の立場に似ている）。

②単純に誰かの悪口を言ってストレスを発散している。

③悪口を言って周りの反応を見て、誰が自分にやさしくしてくれるかをチェックしている。

要は、悪口を言うことで本人にとってはストレス発散になり、加えてリトマス試験紙のように「誰が私をチヤホヤしてくれるか」をチェックしているわけなのです。これはもう、大変に迷惑な行為です。でも、絶対に社会やコミュニティから「他人の悪口を言う儀式」はなくならないでしょうね。

そしたらですね、**「悪口を言う人は、周りを恐れている」という原則**を思い出してください。人を恐れている人間は、本気の喧嘩では弱い人です。だから、「こういう人間がいる人間関係から、絶対に自分は脱していく」と決めてください。その決意を常に胸に抱えること。悪口シーンに出合ったら、**「ここから抜けていくために戦って**

いる。私は負けん。こんなクソッタレな会話には同意しない」と思ってください。

受け取りやすい人は、「良い人」で「やさしい人」です。でも、社会や仕事などの場では「あらゆる手を使って目の前の人をつぶそうとしてくる人」がいることも事実です。

そういう場では「私はサバンナにいるんだ」と思ってほしいのです。ひどい言いかたなのですが、相手が「人間」だと思うと、「なんでこんなことするの？」と良心を疑ってしまうから。その行為で消耗しちゃうから。

サバンナに出ていると思って、戦い、ときには身を潜めて逃げること。

相談編

フェードアウトしたい人間関係

乙女座のAさんの悩み

人間関係の移り変わりによる「後ろめたさ」が最近の悩みです。転職をして、以前の仕事の人間関係があまり好きではなかったので、バッサリ切って気持ちがいいくらいなのですが。プライベートとなると、うーんとなります。嫌いになったわけじゃない。でも……切るタイミングもなく、お誘いを断るのも疲れた。まだ薄くはありますが、新しい人間関係のほうが新鮮で楽しみです。どうしたらうまく、古い人間関係からフェードアウトできますか？　ぶった切る以外の方法で、そっと古き良き友人と距離を置きたいです。

しいたけ．からの回答

これってけっこう多くの人が抱える現実的な問題ですよね。急にやり取りをなくすとかは難しいと思うのです。あとほら、今はSNSがあるから、自分がおいしいご飯を食べに行った写真をアップしただけでも「元気？　会おうよ」とちょっと苦手な人から連絡が入ることもある。

対策はですね、広報やPR職の人のやりかたが参考になりますよ。

いくつかの企業で広報やPR職をしてきた友達に聞いたのですけど、そういう仕事をしている人たちって職業柄、人付き合いと社交辞令がとても多いんですって。

だから、「今度ごはん行きましょうよ」と言われたりしたら、**とりあえず「ぜひぜひ〜」と答える。**そこで、何回か催促があったとしても「ちょっとバタバタしていて」とか、1回だけ行って、そのあとはまた「バタバタしていて」とか「ちょっと最近勉強するために早く帰っているんです」とか、そういうかわしかたを独自に研究して見つけていくのだそうです。

この「かわしかたの研究」って、人間関係の中で生きている以上は取り組まなければいけないもので、「ぜひぜひ〜」は相手のことを傷つけないで距離を取る知恵になります。

ひとつだけ気になったのが、「後ろめたさ」についてなのです。人間関係を変えていくときの後ろめたさって、ゼロにすることはもちろんできないのだけど、あんまり持っている必要がないものでもあります。**嫌いなものや苦手なものと嘘をついて付き合い続けると、やっぱりどこかが疲弊してくるし、実はそれって相手に対しても失礼になっちゃったりする**のです。

ちょっと冷酷なようだけど、「これは自分の人生なんだよな。自分の人生の時間って私が決めていくものだよな」って、「自分の人生論」を取り出してください。他人の人生に付き合うのがあなたの人生ではないから。

「どの人にも嫌われちゃいけない」と思う「良い人」の気持ちって、どうしてもどこかで人に付け込まれていったりします。**「自分の人生ではこういうことを大切にしたい。そのために時間を使っていきたい。だから、ごめんね」という軸**があると、そんなに嫌味なく相手からの誘いを断れます。

ただ断るのではなくて、自分にとって「大切にしたい時間」を持ち、その時間を育てるために断るという大義名分があると取捨選択しやすくなりますよ。

相談編

正しいことを伝えるときに注意すべきこと

天秤座のNさんの悩み

今月のしいたけ.さんの占いで、「『この人とはもうちょっとお互いのことを知り合ってみたい』という気持ちがある人に連絡を取ってみて」と書かれていて、良いことだけでなくモヤモヤしていることを相手に伝えるべきときもあるのでは？　と思えてきました。

趣味で通っている教室があるのですが、実はそこの先生に「最近自分が言われて嫌だったこと」を伝えたいのです。でも私は、「NO」は言えても、肯定的な温かい言葉で人をフォローしていくのが苦手です。人を思いやれない私が、自分の思いを人に伝える価値や資格はあるのか？　とも思います。その先生は怒りっぽい態度を表に出すタイプなので、言うのが怖いのもあります。アドバイスがあったらお願いします。

しいたけ．からの回答

良いことだけではなくて、モヤモヤも相手に伝えるべきだと思います。

これは僕個人の価値観だと思って聞いてください。他人に否定的なことや、「こういうことで傷ついた」というネガティブなことを伝えるときは、相手の良いところもきちんと伝えなければいけないと思っています。これはですね、礼儀なのです。

これはとても大事なことなのですが、頭が良い人、そしていろいろ我慢を溜めやすい人って、どうしても相手の非を責めてしまうところがあって。その議論で正しいことを言ったとしても、その後の関係性って良くならないことのほうが多かったりします。

コミュニケーションって「自分が正しいと思ったことをそのまま伝えること」ではないのですが、「いや、私はこれが正しいと思うよ」という持論を一方的に通しちゃうことがあったりします（もちろんこの相談者さんの場合は、先生に何か理不尽なことをされたのかもしれません）。

これからも関係性を良いものにして、続けていきたいと思っている相手に対して、良いことも悪いことも含めて言わなければいけないとき。そういうときは、相手の表情を思い起こして、その表情を自分の頭の中でコピーしてみてください。できれば相手が苦しそうな表情をしているとイメージして。相手の気持ちを10%でも知ってみる。そしたら、その後の話し合いはそれほどこじれません。

恐ろしいことに、**人は相手からの指摘が正しければ正しいほど、「この人の言うことはおかしい」と反発してしまう**ものなのです。クールダウンしながら「相手の表情を思い起こしてコピーする」をやってみてください。

相談編

組織や集団でどう立ち回るか

乙女座のAさんの悩み

部活でみんなをまとめたくてもうまくいかなくて、クラスでもあんまり友達ができなくて、それでもいいやと思う反面、もっと自分が行動できたらなあと思います。そんなうじうじしている自分が嫌になるときがあって、ひとりで落ち込んでいます。彼氏もできないし、友達も少ない私はなんにもできないんだなあと思ってしまいます。自分が本当にやりたいこともわからなくなっています。気持ちが軽くなるようなお言葉があれば、ぜひください。

しいたけ.からの回答

もがいてますね。まず、一番はじめに言いたいことがあって、それは「部活」とか「クラス」とか、そういう言葉が出てくるということは、まだ学生さんでお若いと思うのです。

決めつけたいわけではないのですが、10代の頃に「自分は中途半端だなぁ」と強く感じてきた人って、必ず20代以降で結果が出てきます。

この相談の中で、ひとつだけ乙女座の特徴も踏まえて伝えておきたいのは、「みんなをまとめる」ということについて。これ、ちょっとだけ変なアドバイスになりますよ。**集団を「まとめよう」とする人って、メンバーを動物でいうと「犬」として見ている**気がするのです。「グッジョブ！　よくできたね！」とか「ここはこうしなきゃダメだよ」とか、犬って褒めるとリーダーについていきてくれるし、ある程度意思疎通もできる。

目標があってメンバーの士気が高く、団結力がある状態の「犬の集団」は、めちゃくちゃ強いです。たとえば、チアダンスとか高校の部活を舞台にしたドラマで、紆余曲折あってみんなが結束を深めて、終盤の全国大会を目指していくような場合は「犬の集団」として最強になっています。だけど犬が無事まとまって集団として成立するまでには、さまざまな要因がなければなりません。

そこで、**メンバーを「犬」と見てうまくいかない場合は「猫」として見てほしい**のです。猫ってマイペースです。でも、なんとなくリーダーの様子は目で追っている。

メンバーを猫やハムスター、ウサギなどの小動物のイメージで見て接していくと、なんとなく「この人は私のことが好きなんだ」と心を許していってくれます。隅っこで干し草をもしゃもしゃ食っていても「食べてるねー」ぐらいの感じで見る。

相手が何気なくとった行動を「それ、すごく良くない？」とピッと褒めるのも、すごく効果があります。**褒めて、「言いたいから言ったのであって、気に入られたいから言ってるわけじゃない」と、猫を相手にするような感じ**でやっておく。ちょっと難しく聞こえたかもしれませんが、犬でダメなら猫として見てみてください。

相談編

自分の居場所を見つけるには

獅子座のSさんの悩み

　昔から、自分が所属する組織やコミュニティに違和感を持ってきました。空気を読み、うまく馴染むべく努力してきましたが、自分らしくない自分に嫌気がさし、無理して人と仲良くすることをやめました。そうして自分らしくいると、結果、一匹オオカミになってしまうことが多くなります。

　進学や転職でいろいろな地域、組織を転々としてきましたが、未だ自分の居場所を見つけられずにいます。自分の好きなことをやれば、自然と仲間が見つかるとアドバイスいただいたこともありますが、やるべき事ばかりに注力してきたので、自分が本当にやりたいことも、これが本当にそうなのか自信が持てずにいます。

　自分の居場所を見つけるにはどうしたらいいでしょうか。今いる場所を居場所とするべく、自分を変えるべきなのでしょうか？　どうすれば居心地のいい場所で、仲間と共に協業できるのか、アドバイスいただけると幸いです。

しいたけ．からの回答

僕は、大人になってからは**居場所って「居場所と思った者勝ち」であって、友達というのは「友達と思ったもの勝ち」なんじゃないか**って思っています。

たとえばなんですけど、僕はたまに仕事で出張に行くのですが、少しでも気が合った現地のお蕎麦屋さんのおばちゃんとか、そういう人を勝手に「友達」だと思ってしまっています。僕は人見知りですし、別にそこで記念撮影とかしませんけどね。そうじゃなくて、「わー、これおいしいですね！」って言っちゃう。仕事で会う人もある程度気が合ったら、「友達」だと勝手に思っちゃってます。

暴論に感じられたら申し訳ないのですが、気が合う人を勝手に「友達」だと思っちゃう。そして、気が合わない人に関しても「ちょっと距離が必要な友達」だと勝手に思っちゃう。

そのメリットは何か。それは、相手に甘えられるのです。たとえば美容院に行って、「今回はなんも面白い報告がないな。疲れているし」と思っても、髪を切ってくれている人が友達だとこっちは勝手に思っているから、別に相手も沈黙を気にしないのです。「疲れてますねー」とか言われるぐらい。

自分が**会う人を友達だと思っちゃうと、何か相手も「この人には〝ほわっ〟と信用されている」と思って気を許していってくれる**のです。厳密に「仲良くならなきゃ」っていうよりは、失礼かもしれないけど「仲良くなってもならなくても、別にいい人」あたりから「友達」だと思いはじめたほうが、温度がぬるい関係の中でほわっと面白いことが生まれるかもしれません。

僕は今日、このあと家電量販店に電球を買いにいくのですが、そこで会う店員さんも勝手に友達だと思いこんでしまうと思います（笑）。

相談編

ついていく人、離れたほうがいい人

蠍座のRさんの悩み

私は、すべての物事を0か100、白か黒かで考えてしまいます。人間関係においても「この人無理」と一度思ってしまうともう、一切関わりたくないという感情になってしまいます。

ですが最近、私が心の中で無理判定を下してしまった相手は、今関わっている組織のリーダー的存在なのです。どれだけ抵抗感があろうと、その人についてゆき、指摘を飲み込まなければなりません。割り切りたいです。関わりたくない人間ともうまくやり、考えすぎずにスルースキルを身につけるにはどうすればよいのでしょうか。

しいたけ．からの回答

うおおお。難しいですね。

まずですね、これは年齢的な話でもあるのですが、僕は勝手に**20代前半までは「大好きか、死ぬほど嫌い」のどっちかで人間関係を決めていい面もある**と思っているんです。修行期間中というか、多くの人がまだ何も結果を残していない時期じゃないですか。「失うものがない強さ」を持っているほうが人として面白いし、その年頃にいろいろな人におもねる、つまり気を使って仲が良いふりをして〝おこぼれ〟をもらったりしちゃうと、狼の牙が抜けたようになって、後から新しい歯って生えてこないんです。

それにその時期に出会う**「この野郎、いつかぶっ〇〇してやる」と思う相手って（暴言すみません）、自分にとってラッキーパーソンであったりする**んです。もちろん、すごいセクハラやパワハラをするような人にはついていく必要はありません。

・この人についていくべきか、すぐに離れるべきなのか
・この場所や職場を私は必要としているのか、必要としないのか

を知るためには、やっぱり自分のことを客観的に見て、「なんのためにやっているのか」を確認する必要ってどうしてもあるのです。

自分を客観視する。ちゃんと自分の頭で**「今の期間の私は何をやろうとしていて、何を学んでいる期間なのか」**を考える。で、その修業期間に何を犠牲にして、何を得ていくのかをしっかりと把握するのです。

僕も昔、飲食店でアルバイトをしていたとき、そこにすごいスケベでどうしようもないオヤジがいたんですよ。同僚の若い子をナンパして、誘いを断られると機嫌が悪くなるという最低の人だったんです（笑）。常に人手不足だったから、けっこうシフトが一緒になって苦痛でした。「なんでこんなおっさんと一緒にやってるんだろう」って。

でもそのバイト先は、自分が「何者かになるためには」必要だったんです。その頃の僕に必要なのは「最高のバイト先」じゃなくて、早くバイト生活から抜けて、自分の表現で生きていくための道と、人からの信用をつかむことだったんです。だから、そこは鬼になりました。

繰り返すけど、セクハラとかパワハラとか、それを耐え忍んで命が削られていくような人や場所だったら、一刻も早く縁を切ってください。その判断はお任せします。

鬼になるところは鬼になって、頑張ってみて！

相談編

職場の苦手な人との接しかた

山羊座のMさんの悩み

転職をして新しい職場で働きはじめて1か月経つのですが、苦手な人との人間関係はどんなふうに対応していくといいのでしょうか？　会った瞬間から違和感があるというか、「あ、この人苦手だな」と感じる人への接しかたがイマイチわかりません。話しかけられていろいろと細かく言われたり、聞かれたりすると途端に気持ちが沈んでしまいます。とにかくほっといてくれ!!　といった気持ちが強くなってしまいます。直感的に苦手だ……！　と感じる相手への接しかたや、自分の中での折り合いのつけかたがあれば教えていただきたいなと思います。

しいたけ．からの回答

人に対して「あ、苦手だな」って感じることはあると思うのです。

たとえば僕のマネージャーは乙女座なのですが、この人は苦手な人ともけっこう分け隔てなく接することができています。ただし、すごい「業務対応」をしている場合もあります。業務対応ってどういう感じかというと、

「へー！　そうなんですねー！」

この発言によく表れていて、「へー！」の勢いが若干強いのです。そして、「そうなんですねー！」はけっこう無機的というか、心からの共感というよりは「対応しましたぜ」みたいな感覚なのです。ごめんなさい、マネージャーの名誉を損ねています(笑)。

でも、表面的にはこういう対応をしても、相手にはバレていないと思います。だけどなんとなく、「この人は業務範囲の中での付き合いであって、テリトリーに入ってしまってはいけない」という空気を相手は察知します。

だからですね、「ちょっと苦手な人に踏み込まれている」と感じる人にもこのやりかたをプレゼントしたいのですが、**相手と目を合わせながら（でもイメージの中では背けて）、「へー！　そうなんですねー！」を練習してみてください。**

ただ、ちょっとだけ気になったのが、「苦手な人との人間関係はどんなふうに対応

していくといいのでしょうか？」の部分です。この書きかた、相当イライラされていますよね。

これ、穏便な状態だったら「苦手な人との人間関係はどんなふうに対応していくといいと思いますか？」とか、最後が「どう思いますか？」調になると思うのです。

この聞きかたがこの相談者さんにとって「いつも」だとしたら、もしかして、ちょっといろいろなことに対して「白黒ハッキリしないと本当に嫌」という不快感を持ってしまっているのかもしれません。だから、「へー！ そうなんですかー！」が、あまりにも強く攻撃的になりすぎないように、ご自身で練習して、力の入れかたを調整してみてください。

第5章

五感タイプを知ろう

（自分の軸を持つ）

これは、10人中3人ぐらいの人に共感してもらえたらすごくありがたいのですが、僕は人生の中での大事な選択は、ほとんど心の中のチンパンジーとの対話で決めてきました。だから「常識的な大人」に今までの人生における選択理由について聞かれると、いつも回答に困ってしまいます。「いや、チンパンジーがですね、言ったんですよ」って、まったく立派な理由にはならないものだから。

心の中のチンパンジーは、何かチャレンジングな出来事が起きたときに「危険だと思うけど、面白そうだからやってみろ」とか、自分と合わない人が目の前に現れたときに「キー！（合わない！）」と叫んだりします。

不思議と、僕の周りにはこの心の中のチンパンジーに従う「動物的な感覚」を持っている人が多いのです。ある人の場合は、長く続けてきた仕事があって、うまくいっていて信用も得てきたのに急に辞めて、ニューヨークに行っちゃった。それで一時的にすごく貧乏になっても「俺は貧乏になることを決めてこうなったから、全然楽しい。でもあと3年だろうな」とか、ペラペラ喋っていたりします。そしてさらに成功して戻ってくる、とか。

こういう「理屈では考えられない、本人にしかわからない感覚」で生きている人たちを、親しみをこめて「動物の森の人たち」と呼んだりしています。

僕はこれまで占いを通していろいろな人を見てきて「動物的な感覚」は多かれ少なかれ誰にでも備わっていて、「突出している感覚は何か」によって、

①聴覚タイプ、②視覚タイプ、③嗅覚タイプ、④胃袋タイプ、⑤頭脳タイプ

この5種類に分けられると考えるようになりました。いわゆる一般的な五感の分類とは異なる、しいたけ.流「五感タイプ」の定義です。

たとえば、野生のウサギって長い耳を活かして「自分たちの命を脅かす音や振動」を聞き分け、安全な穴に入って気配を消すでしょう？　あんなふうに生存のための最も強い能力として、聴覚を使って生きているなら「聴覚タイプ」。「自分を脅かす不快音や場の雰囲気」に対してすごく敏感になりやすい特徴がある人とみなします。

こんなふうに、自分や身近な誰かを動物として見てみる。そして、五感タイプが何かによって、人の特徴を捉えてみるとなかなか面白いですよ。

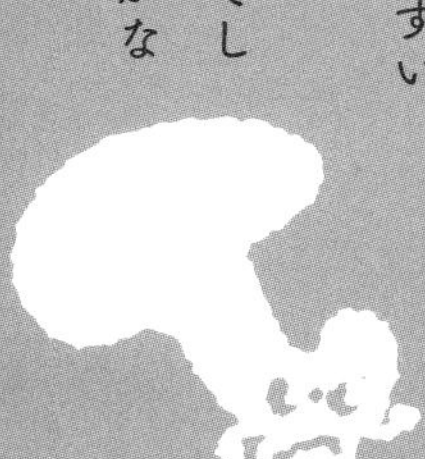

しいたけ.流　五感の磨きかた

僕が占いをはじめたきっかけには、人ってなんで家族とか親友とか親しい同士だと何も説明しなくてもパッと顔を見て「あれ？　なんかあった？」と気づけるんだろう、という疑問がありました。

もちろん、こういう「雰囲気」なんてものは当てずっぽうのものでもあるし、しょっちゅう「なんか顔色悪いね。大丈夫？」と聞いてくる人もいるからそんなに気にしなくていい話でもあります。

これは、お医者さんや弁護士さん、他に個人経営の美容師さんなど、つまり「個室があって予約したお客さんが入ってくる仕事」をされている人たちに聞いた話なのですが、予約のお客さんがドアから入ってきた瞬間の表情や雰囲気をすごく見るのだそうです。そこで元気なのか、ちょっと疲れているのかなどを感じ取る。「こんにちは」って声をかけたあとはもう、「こちらに合わせてくれている表情」が出てきてしまうから。

ドアから内側は「自分がいる世界」であり、ドアから外というのは「外部の世界」。その外部の世界からある人が入ってきたときに、そこの空間がどう変わるか。その人にどういう空気を感じるか。そういう察知能力って、大げさな話かもしれないけど、生きるうえでとても大切な能力だと思うのです。

たとえば、有名な話では『シャーロック・ホームズ』シリーズを描いたアーサー・コナン・ドイルの師匠はお医者さんをやっていて（エディンバラ大学の医学部主任教授で、外科医のジョセフ・ベルという人）、診療所にクライアントが入ってきたときの雰囲気や歩きかた、喋りかた、日焼けの跡などの情報をつぶさに観察して、その情報だけで経歴や病状などを言い当てることができたという逸話があります。

普通の人はそこまでやる必要はないけど、話を戻して「ドアの外から入ってくるもの」を見定める能力というものは「幸せ」を考えるうえでも、やはりとても大切な能力だと思っています。

僕がかつて引っ越しのバイトをしていたとき、「住む人が誰もいなくなった家」って本当に独特の雰囲気でした。離婚して奥さんが出ていってしまった家と、仲の良い家族が転勤で一家みんなで退去する家って、誰もいなくなったあとでも空気が全然違う。

極端な話、悪い空気しかないようなところでは個人がいくら努力をしても、その努力は花咲かないかもしれない。だから、人には自分をとりまくものを察知して、そこに居たら身についてしまう空気を、良いものに耕していく力が大事なんじゃないかという気がするのです。

これって何も特殊な能力ではなくて、人間にもともと備わっている「五感」を磨くことで得られるものだと思うのです。昔の人は、今よりももっと生きることに体力と知恵を使わなければならなかった環境で暮らしていて、「何かこの土地には近づいてはいけない気がする」とか「あと3日もすれば嵐がくる」とか、理屈とは違う自分自身の感覚でたくましく生き延びてきました。僕が今やっている占いの技術も、その延長線上にあるものだと勝手に思っています。

五感を磨いて、自分自身の感覚で物事を察知し、対処していけるようになると、やがてブレない自分の軸ができていきます。

占いをしていると、どんなに頑張ってもすべての人の悩みや相談にずっと答え続けていくのは不可能だというジレンマがあります。できることならその人自身の中に占い師がいて、いつでも相談できたらいいんじゃないかと思うのですが、自分の軸があって自分の感覚を頼りにできていれば、もう占い師の存在は要らないのかもしれません。そうなったら僕の仕事がなくなって困るのですが、みんながそうやって自分の感覚を活かして生きられたら、もっと面白い世の中になるのかなとも思います。

そのためのひとつのステップとして、「五感を復権させる」ことを提案していきたいのです。

僕が扱う五感って、世間一般の「五感」というものとは違っていて、

・視覚（目）
・聴覚（耳）
・嗅覚（鼻）
・胃袋（消化機能）
・頭脳（思考機能）

の5つに分けて考えています。通常の五感では味覚や触覚が含まれると思います。

この5種類の感覚のうち、どれを中心に生きているかは人によって偏りがあります。生きるときに駆使している感覚で最も強いものが、行動や言動、思考の特徴に表れます。

僕はこれを「五感タイプ」と呼んで人を理解するときのひとつの指針にしています。自分や相手がどのタイプなのかを知ることは、感覚を研ぎ澄ますことにもつながるし、自分の軸を持つための拠り所になるのです。

たとえば、聴覚と視覚、頭脳の感覚が優れた人は、デリケートでかなりきめ細かい仕事をして、コツコツと自分の世界を作っていきます。

一方で、嗅覚と胃袋の感覚が優れている人って、狩猟時代の人や開拓民みたいに、「あんまり後先考えないで行動して、結果を出していってしまう」人が多いです。「いきなり外国に行って、言葉もよくわからないけどその場にいた人と親友になっちゃった」という人ってたまに身近にいたりするでしょう？　彼なり彼女なりのSNSって、現地の人と水着で写真を一緒に撮ったものを載せていたりしていて（笑）、見た人が「誰？」ってなるような感じのやつ。

他の例でいうと、僕が以前に占いで個人鑑定をしていたときに、使っていた部屋の壁がちょっと薄かったんですね。そしたら、耳の良い「聴覚タイプ」のお客さんの場合、隣の住人が帰ってきてドアの音が「バタン」と聞こえたり、水道を「ジャー」と流す生活音が聞こえたりするとその瞬間にもうリラックスした表情が消えて、少し硬直したりするのです。そういうときは「ちょっとおかし食べましょう」と言って、意識をその「隣人の音」からそらしてもらったりしていました。

また、友達の整体師のえびちゃんと、同じく整体師の野口さんに話を聞いたら、彼らは匂いに対して異常に敏感でおそらく「嗅覚タイプ」なのです。

これは推測なのですが、整体の先生は体を触るお仕事をされているから、人の体の健康状態を「ある場所からは匂いがして、不健康な箇所からは匂いがしない」という感覚で見ているんじゃないかと思うのです。このふたりはずっと、「自分の生命力が高まることを嗅ぎ分けて」追求しています。いわゆる生物の色気って、生命力なんです。生命力が隆盛なところと、衰弱しているところを見分けるのは嗅覚で、鼻が発達している人ほど「自分がどこに行けば健康になれるか」を知っている。だから、ご飯を食べるときに料理の近くに顔を持っていって「すーっ」と匂いを嗅いで「おいしそう！」と言っている人と一緒にいると自分の生命力も上がったりします。

精神科医の名越康文先生は「視覚タイプ」みたいで、人と接したときに表情筋など筋肉の動きを微細に見てしまう、と前におっしゃっていました。たとえば人と会って軽く冗談を言ったときに相手が「ふふふ」と笑う。でも、その「ふふふ」に連動する顔の表情筋がスムーズに、自然な形で〝崩れていない〟ときに違和感を持つのだそうです。

僕はといえば「聴覚タイプ」で、とにかく三半規管が弱いのです。これは僕自身の話になってしまうのですが、人の声や場所などの良し悪しを、聴覚を使った「空間の重力」によって判断しているところがあります。だから、人が話す言葉も、言葉を聞いているというよりは音の重力で聞いています。

「胃袋タイプ」の人はまたちょっと特殊で、仕事とか食べ物とか、いつも「飲み込む」ようにして生きていて、最先端のものや「ちょっと危険なもの」に触れていないと生命力が弱ってくる。人生の大事な選択は「面白そうだから」という理由でやっていってしまう特徴があります。

最後に、いわゆる「頭脳タイプ」の人は何かしら潔癖な面を持っています。「汚れは落ちているかもしれないけど、手を何回も洗わないと気が済まない」などと、その人の頭の中ではたしかに存在している「観念」があってそれに従いたいのです。これが発展しすぎると電車のつり革に触れなくなったりするとか、それぐらいこだわってしまうこともあります。肌感覚が優れているから、膨大な情報量を処理するために常に頭の中でシミュレーションをして、仕事やタスクをこなしたりします。頭脳タイプの人は優れた専門分野や得意分野を持っていることが多いのですが、「急な予定の変更」や「他人から口出しされること」が苦手で、抵抗を示します。

環境の変化に敏感な「聴覚タイプ」

ここからは「五感タイプ」の基本性格をそれぞれ解説していきたいと思います。自分がどのタイプに当てはまるかを想像しながら読んでいただけたらと思います。

ちなみに、ひとりの人が複数のタイプに当てはまることもあります。そういう場合は、「一番偏りがある感覚」を自分のタイプとみなしてみてください。

まずは、「聴覚タイプ」について。五感の中でも特に聴覚が突出していて、「感覚が一番過敏。でも、安心できる環境を用意されるとすごく頑張って周りに尽くす」のがこのタイプの人たちの特徴です。

スマホの画面にほっとする表情を見せる

僕自身が「あ、この人聴覚タイプだな」と思う目安って、**「トイレが近いかどうか」**なのです。たとえば、他のタイプの人だったらカフェなどで2時間くらい食事をするような場面で、トイレに行くために席を立つことってそんなにないでしょう（もちろん体調が悪いなどのケースは除きますが）。でも、聴覚タイプの人って、下手をすれば2時間で2回くらい席を立ったりします。

どうしてかというと、耳って単なる音を集める機能じゃなくて、「いつもと振動が違う環境や人」に対してすごく神経を使っている印象なのです。だから、疲れて「一回リセットするため」に席を立ってトイレに行くなりして、ひとりの時間を持ちたくなります。

また、話の流れが途切れたときにおもむろにスマホを取り出して、その画面を見ているときに「ほっとしている表情」が出ていたら、それは聴覚タイプの人の可能性が高いです。**「気を使う」という外の世界から、スマホという「自分の内側の世界」に帰ることで安心感を覚える**のが聴覚タイプの特徴なのです。

思春期の中学生みたいにデリケート

「ある空間が落ち着かないように感じられる」って、多くの人が一度は経験する事象でもあるのです。たとえば、中高生になったときに「リビングで、どうしても家族と一緒にご飯を食べたくないとき」って出てくるじゃないですか。小学生までは「あのね、今日ね、ゆうすけ君がね」って、食卓で今日あったことを全部報告していたけど、中学生ぐらいになると「あ、大丈夫です」と、すごくそっけない態度になってくる。ずっと家族をやってきたけど、お父さんに「学校はどうだ」とか聞かれるのも嫌になり、とにかく自分の空間に侵入してきてほしくないという感じ。

聴覚タイプの人って、**思春期のときに抱えていた「許可なく私のテリトリーに入ってこないで」というデリケートな感覚とすごく似たものを抱く**のです。とにかく話しかけられたくない。だから、「自分だけの世界」があるスマホを離さず、画面だけを見ながら「学校どうだ」→「まぁまぁ」などと上の空で答えて防御をするのです。

巣の中に入っている野ウサギ

もうひとつ、聴覚タイプの大きな特徴は、「訓練して、作られてきた表情や喋りかた、そして人間観察の手段を持っていること」です。聴覚タイプは五感タイプの中でも繊細でデリケートです。**世界の中の1割が自分のホームだとしたら、残りの9割がアウェーと感じる**ほどです。

動物の世界でいうと**「巣の中に入っている野ウサギ」が、聴覚タイプの人たちの先祖**のような気がします。野生のウサギは環境の異変を感じたら、地中の巣の中にサササッと入って耳だけを働かせて状況を読み解こうとするでしょう。もちろん、その間はフリーズしたかのように気配を出さない。

だけど、人間は社会の中で生きていかなければいけないから、聴覚タイプは「アウェーで落ち着かない環境」の中で、自分の表情や話しかた、人への接しかた、そして思考の偏移などを分析して、訓練して生きていくことになります。ですから、このタイプの人たちは「達人」と呼ばれるようになることも多く、「苦手なことを訓練してずっと続けていくうちに技が磨かれ、他の人が辿り着かない領域にまで達した」という体験をします。

「苦手なことこそ、生きる道」。それが、繊細でデリケートな聴覚タイプの人が歩んでいく道になります。

聴覚タイプの人を知る10の特徴

①驚いたとき、思わず出る言葉が「ひっ」とか「ひー」とか、周囲に聞こえない声でかすかにつぶやく「え」になる。

②言いかたが悪いかもしれないけど、Instagram などのSNSでは「え、なんでこんな写真を載せたの？」とか言いたくなるような、けっこうどうでもいい写真を載せる。その理由は、聴覚タイプの人は風景や場面に感動すると、「身動きが止まって、見とれる」から。「ボーッと感動している」という特殊な状態になるため、写真撮影などは二の次になってしまう。

③声が大きい人がとにかく苦手。また、プレッシャーをかけてくるような喋りかたなど、相手がマウンティングしてくる雰囲気が苦手。「雰囲気＋喋りかた」で生理的に受け付けるか受け付けないかがハッキリする。自分の好きなタレントや作品、音楽などについて「あー、あれねー」と批評されるとかなり身構える。自分の好きな世界に安易に踏み込まれると「汚された」という感覚を覚えるから。

④人ごみがとにかく苦手。人ごみの中にずっといると軽くめまいがするか、尿意が盛んになる（トイレの個室に逃げ込みたい！）。そして、現実逃避をするために物影に隠れてスマホをずっといじっていたりする。コンサート会場など「逃げ場がない場所」に行ったときに軽く動悸が走る。ストレスが溜まってその傾向が激しくなる

と、電車やバスなど「目的地に着くまで自分の自由には降りられない空間と人ごみ」で体調が悪くなる。

⑤他人からの何気ない指摘でパニックを起こしやすい。「え、それ間違いなんじゃないの」と急に差し込まれるみたいな指摘を受けると、「ひっ」と動作が止まる。本当に心を許した人以外では、いわゆる「至近距離」になるのが苦手。自分のパーソナルスペースに立ち入られるとか、もしくはボディータッチが極度に苦手。「触らないでください」って思う。握手もいやいやする。

⑥いろいろな場所に行きたいし、好奇心旺盛。でも、自分が動揺しているときはひとりの時間が必要。四方が壁に囲まれているような「トイレの個室」など、そういう視界が遮られていて誰からも見られない場所が、野生のウサギが土の中の巣に身を隠すような感覚が得られて落ち着く。

⑦緊張しやすいが「この人と仲良くなりたい」と思った人の話は一生懸命聞く。緊張しやすい人と、「この人の前ではリラックスできる」という人の差が激しいため、

仲良くなる人と距離を取る人はほぼ第一印象で決まる。

⑧自分なりの言語を持つ。ある専門分野を持ち、その世界にすごくマニアックに精通する。たとえば骨董品を集めるのがライフワークになったら、ブログやInstagramなどのSNSでは骨董品のことばかりを取り上げるようになる。聴覚タイプが好きになった世界って、たとえ相手が無機物であっても、その振動や雰囲気と「対話」をするようになる。

⑨まれに、苦手なものを覆い隠すように「そうですね！　えーと！」とか、オーバーリアクションや、相手の話をかぶせるかのように早口で喋り続ける人もいる。でも、そういう人とプライベートで会うと「え、この人こんなに無口だったんだ」というぐらいに喋らない。

⑩みんなの前で喋っていて10人中9人が笑っていても、「笑っていなくて、表情を変えない1人」のほうが気になってしょうがない。「違和感を発している雰囲気の持ち主」に対して異常なほど早く気づき、そこが気になってしょうがなくなる。

贈り物のセンスが良い「視覚タイプ」

五感の中でも視覚に優れた人、つまり視覚タイプの人は「見たものや想像したものを、写真に撮ったかのように明確に自分の中に残す」という独特な感性を持っています。

映像や写真のように記憶が鮮明

とにかく良いものも、悪いものも、脳内に映像再生機みたいなものがあって、そこに強く残る。そのため、「今日も疲れたー。おやすみー」と一日で切り替えていくことが難しいのです。だから、辛いものやアルコールとか、ヨガや瞑想とか、そういうことをやって一回「違う感覚と一体化して」から、生々しく残る自分の感覚を消去し、切り替える。

このタイプは他人の顔色の変化に対しても敏感です。だから、ちょっと自分で意識して、訓練をしないと「いつも気が休まらない」状態になってしまいます。

どうしてかというと、「あの人はさっきまで笑っていたけど、帰り際にふと退屈そうな表情をした」とか、その一瞬を見逃さず、そしてその映像が脳内の記憶に強く残るからです。

だから、このタイプの人は10分の9が楽しかったことなのに、残りの10分の1の不安定要素が残ると、どうしてもそちらのほうに引きずられていってしまうことがあります。

ちょっと休日は散歩でもして風景を変えるとか、そういうことをして「少しのネガティブとか不安要素に気を取られすぎない。自分を信じる」という心構えが必要です。

少しの間でも散歩をする、ジョギングをするなど、意図して「景色を変える」という時間がないとリラックスできなかったりします。「目を閉じて音楽を聴く」というよりは、体を動かす過程が入り、実際に目に見える景色が変わることで心が安まるのです。

旅に出て脳内の風景を切り替える

視覚タイプの人のSNSって、「綺麗なものは綺麗なもの」として載せられていて、たとえるなら、その地方の観光事業部が撮影したPRの風景写真のような整った感じがあるんですね。人が写っていても、表情は見えない。ちょっと無人感があるのです。誰かと一緒にいて楽しかったときは、もちろん記念写真を撮ったりします。でも、このタイプの人はとにかく「頭の中に記憶がいろいろ残る人」なので、綺麗な風景は綺麗な風景として残しておきたい。そして、あとでその風景写真を見返したときに「このときこういうことがあったなぁ」と、頭の中で「そこに一緒にいた人の言動」などを思い返してニヤニヤしたりします。

旅にはよく出ますし、ひとり旅などもたまにはやったほうがいいです。その理由は、不快な経験や体験を自動的には消去できないため、旅に出て「強制的に脳内の風景を切り替え」ておきたいのです。

あと、驚いたときの口癖は、静かにぼそっと「うわぁ……」です。「うわー！」とオーバーリアクションのときは周りにいる人に合わせているだけ。

プレゼントのセンスにこだわりが光る

視覚タイプのすごいところって、他人へのプレゼントを選ぶ際のセンスが素晴らしいところです。それはどうしてかというと、このタイプの人は「化粧品やバッグ、身の回りにあるものなど、全部精査のうえで持っているから」という理由があります。

つまり、自分が持つものでも、他人に渡すものでも「なんでもいい」というわけではないところがあるからなのです。「この人がこのプレゼントをもらったらどういう気持ちになるか」など、そういうことが頭の中ですぐにシミュレーションできます。また、自分で持つものに関しては「持ったときの質感、重さ、デザイン」など、肌になじむかどうかをすごく気にします。

だから、みんなと一緒にご飯を食べる際にも、他人からプレゼントを受け取る際にも「とりあえずテキトーに選びました」という人が理解できません（笑）。

お店選びだったら「みんながこれから2時間過ごす空間を、テキトーに決めないでくれ。言ってくれたら審査してちゃんと決めたのに」という気持ちが出てくるのです。

このタイプの人は動物でいうとサイになります。やや神経質なところがあり、自分の縄張りに異物が入るとそれを自分の世界（映像）から消そうと執拗に追いかけてきます。そして、興味を持ったものに対してもかなり激しく追いかけていくような姿を見せます。ただ、肉食動物ではないので普段は穏やかな時間を愛する平和主義者です。

大切に扱われた記憶を忘れない

また、大切に扱われた記憶を忘れないし、好きになる人や好意を抱く相手は「モノを大切にしている人」になったりします。「これ、ずっと修理しながら使っているんだけど、なかなか捨てられなくてさ。思い出のレコードプレーヤーなんだ」と言われたりすると、その人がそのモノと共にいろいろな時間を過ごしてきたのだと想像して、親しみを覚えたりします。「この人は自分の思い出や、関係する人を大切にしてきた人だ」と、そういう温かい空気に強い安心感を覚えます。また、場所でも空間でも「ここは多くの人たちに大切にされてきたんだ」と思えるところが好きです。たとえば、地域の漁師の人たちがずっと使い続けてきた大衆食堂など。

誰かと約束をしたり、誰かと夢を見ていくことも本当に大切にします。まだ目の前に現れていない夢でも、特別な誰かと約束をしたことや、「ちゃんと実現していきたい」と願うことで大切な風景になっていくから。

温かさを感じる場所と、実現していきたい風景。そのふたつを大切にして、視覚タイプの人は邁進していきます。

視覚タイプの人を知る10の特徴

①驚いたとき、思わず出る言葉が「うわぁ……」である。

②Instagram などビジュアルを扱うSNSでは、人の顔を写すというよりは風景や食べ物を撮影した写真を多く残す。綺麗なものを残したい。

③人が持つ激しい嫉妬心や競争心、そして性欲など、そういう生々しい感情が苦手でもある。子どもや動物、「かわいいおじいちゃんやおばあちゃん」のようなものが好き。ほがらかなものや大自然などを見ていると安心する。

④リラックスできる場所が少ないため、「自分をスピードに乗せて」、いろいろなタスクを抱え込むことによって無理やり駆け抜けて、あとでリラックスしようとする。

⑤目にしたものが「カメラで撮る」かのように、映像記録として脳内に残りやすい。だから、自分にとって苦手なもの、不快なものが強く記憶に残るため、苦手なものに遭遇した場所に行くだけで震えがきたりする。

⑥自分が共鳴したデザインやブランドの製品以外持ちたくない。脳内に「これは良い

ものだ」と、映像や肌の記憶として残っているものを固執して使い続ける。

⑦不快な経験をしたあとの切り替えが難しいため、「景色」を変えるために生涯で行く旅の回数がかなり多くなる。

⑧自分の感覚を麻痺させるために、辛いものやアルコール、またはヨガなど「一体化」できるものとの時間を持つことがリラックスの糸口になる。今の自分の生身の感覚をOFFにしてもらえるから。

⑨外見的な特徴はそんなにわかりやすいものはないが、年齢よりも若く見られる人が多い。これは本人の「自己イメージ」が幼少期の映像感覚のまま止まっていることが多いためだと推測される。小さい頃から大人のような感覚を本人は持っているから、「大人になったから」といって変化するところがそこまで多くはない。

⑩初対面の人と会ったときは一歩引いて、バレないようにすごく観察しているふしがある。

失敗や恥を恐れず行動する「嗅覚タイプ」

五感の中でも嗅覚が突出している人は、「興味があるものに近づきたい！」という人です。それでは早速、特徴を見ていきましょう。

リスクがあっても「面白いほう」を選ぶ行動派

嗅覚タイプの人の特徴は、とにかく行動派です。休日に家でジッとしているのが嫌なのです。お金はあればあるだけ、時間もあればあるだけ使ってしまうような人が多いです。動物でいうと「チーター」など、単独行動を好むネコ科の肉食獣タイプです。獲物に向かってまっしぐら。

いつも自身の判断で行動して、動く前にあんまり必要以上に疑うことはありません。たとえば、誰かから「今度あのお店行こうよ。おいしいからさ」と言われたら、「えー、本当にあの人が言っていることって信用できるのかな。前も全然ピントがズレていること言ってたし」と疑う人もいるのですが、このタイプの人は暇だったら行っちゃいます。行動する前に頭で考えるよりも、行動して、体験してから「自分の経験値」にしてしまうほうを尊ぶのです。

そして、「それは正解だし、正論なんだけど、なんか面白くないいんだよね」という自分の価値基準を、潜在的にかなり強く持っています。「今までの習慣通り、こういうやりかただったらある程度満足感を得られる」ということをやり続けるのに抵抗を覚えるし、そういうのが正直退屈なのです。

だから、多少失敗のリスクがあったとしても「当たったら面白い」というほうを選びます。ですから、この嗅覚タイプの人を説得したいときは「みんなこう言ってたよ」と伝えるのではなくて「こっちを選んだほうが面白そうだよ」と言うと心が動きやすいです。

ご飯を食べるときも、5回に1回ぐらいは「バイキングで誰が一番盛り付けがうまくなるか勝負しよう」とか、日常にゲームやエンターテインメントの要素を入れると活き活きします。

都会と田舎の二重生活のすすめ

自分の周りが真面目すぎて、刺激が少ない環境に置かれた場合には、休日にひとりで旅に出たりして刺激を味わおうとすることが多いです。

嗅覚タイプの人には、「飽きたり、刺激がなくなったりすると元気がなくなる」という大きな特徴があります。極端な話、月に何回かは「平日は都会にいるけど、休日は田舎のバンガローに泊まる」とか、そういう二重生活をすると心身が整います。

都会という場所で「人が作ったルールで、効率的に動く」生活だけをしているとどこか弱っていってしまう可能性があります。

この嗅覚タイプの人は動物の雄や雌の感覚をかなり強く残しています。だから、たまに自然に解き放たれて「この道をまっすぐ行くのは危険だ」とか「あの果物は色っぽくてすごくおいしそう」とか、そういう野生の感覚を蘇らせていくと、いろいろなものが回復していきます。

割とテキトーに喋って流してしまう

このタイプの人が苦手なのは「止められること」なのです。つまり、時間が前に進んでいない感覚であったり「で、どうするの？　やるの？　やらないの？」という質問をよくします。「これ今なんの時間なの？　いつまで待たなければいけないの？」というのが明確にならないのが嫌なのです。

そういう意味で、かなりテキトーに喋っていることが多いです（笑）。目の前にいる人の意見が多少自分の意見と違っても「いやぁ、そうですよねぇ。わかります〜」とか言って流したりします。変に反論をして場の流れを止めたくない気持ちがあるのです。

テキトーに喋ることが好きなのは、「目的がない時間は、徹底的に目的のない時間を楽しみたい」と思うからというのもあります。だから、その時間はずっとくだらない、実りのない、ただただ面白い話をしていたいのです。

仕事も遊びも徹底的にやりたい

逆に、「目的や結果を追う時間においては、徹底的に獲物を追い、1秒でも時間を無駄にしたくない」という激しさもあります。無駄な時間と、狩猟の時間をきっちり分けるので、プライベートでは意外と一匹狼だったりします。仲良くなる人は多少毒舌とか、ある程度ブラックジョークも言えて、攻撃性がある人が多かったりします。

遊ぶときには徹底的に遊びたい。くだらないことに無駄なお金を使っちゃいたい。でも、締めるときは徹底的に締める。嗅覚タイプの人は真面目な顔と、ふざけた顔を入れ替えながら、常に面白い話を嗅ぎつけて、行動的に生きています。立ち止まることが苦手なので「私はこういうことはできる。でも、こういうことはできない」と、ある程度自分のスタンスを伝えてしまったほうがうまくいきます。ただし、パートナーなど身近な人には甘えちゃって「ありがとう」とか感謝を伝えなくなる傾向があるから、そこだけは注意してください。

嗅覚タイプの人を知る10の特徴

①驚いた時の反応が「えー!?」と多少オーバーリアクション気味。そのあとで「え、なんでなんで?」とか「どうしてどうして」とか「何があったの?」と、若干「楽しそうに」聞いてくる。ハプニングやサプライズなど「通常起こらない刺激的なこと」に対してすごく興味があるので、興奮しながら顔を近づけてくる。

②Instagram などのＳＮＳでは「あとで自分が眺めてテンションが上がるもの」を好んで載せる。「ここのビーチ最高だった！」とか、自分が好きなものやおすすめスポットは気前良くみんなに伝える。好きな季節と苦手な季節がハッキリしているため、たとえば夏が好きな人なら冬の間も「早く夏にならないかなぁ」と言って夏の思い出の写真を載せまくる。

③気合が入っていない人や、テンションが低い人が苦手。嗅覚タイプの人は「テンションが上がる匂いを嗅いで、血が湧き立つ」という戦闘民族なので、「あ、この人自分の力で戦ってこなかった人だな」とか、噂話や批評だけをしている人は尊敬しない。

④誰も喋らない場面や、密室が苦手。特に「ただ時間がくるまでジッと座っていなければならない」という状況がとにかく苦痛。人の話を聞いているときも、携帯電話やスマホを見ながら聞いたり、同時進行で何かをやっているほうが不思議とはかどる。「探検」と称して、いろいろなところをウロウロしている。

⑤否定されると弱い。いつも攻めている人なんだけど、「自分はけっこう好かれている」と楽観主義なので、いざ嫌われたり否定されるとけっこう「うっ」と響く。人間関係でも、おだてられているとすごく強い力を発揮する。ただ、特に家庭生活においては身近な人やパートナーへの感謝を忘れる傾向があり、「いいじゃんそれぐらい」と相手に対して依存してしまっていることが多い。

⑥ジッとしていられない。「スピード感」や「すぐに行動できること」が幸せにつながるため、身動きが取れない状況、または「(相手からの返答などを)待っていなければならない」状況などは、テンションが下がる。平日は都会で過ごし、休日は田舎で過ごすなど、二重生活をするのがおすすめ。

⑦人間関係では変わり者が好き。みんなで一緒に席についたときにどこか浮いている人、またはジッとしていない人、「大人しそうに見えるけど、この人は相当強く自分のエゴを持っているな」という人が好きだったりする。でも、他人に対しては多少厳しい。何もせずに愚痴だけを言っている人には援助などはしない。「まず自分の力でやってみて」と突き放す。

⑧失敗や恥を恐れない行動力がある。興味があることはやってから考える。たとえば、そこまで外国語に精通していなくても外国に行ってしまって、現地で友達を作ってきてしまったりもする。「はじめに気持ちありき」。あとは現地で学習したり、人柄で好かれたりしてなんとかしていく。逆に、はじめから整えられた道やハプニングのない世界は好きになれない。

⑨「カッコいい人が好き！」とか「お金が好き！」とか、欲望に対して素直。手に入れたものを「これすごいでしょ」と無邪気に自慢するようなところもあるが、陽気なのでそんなに嫌味がない。

⑩人や状況の取捨選択はシビアで早い。お金や仕事、幸運などに対して動物的な直感があり「この状況にいる人は伸びないな」と、見切りをつけたりする。逆に、「自分で考え、失敗を恐れず、行動するのをやめていない人」などに対しては献身的な援助をしたりする。「これから伸びそう」とか「これから面白くなりそう」という匂いを敏感に嗅ぎ取る。

予測不能な状況に燃える「胃袋タイプ」

五感の中でも胃袋の感覚が優れている人。このタイプの人は、「なんだかよくわからないものはとりあえず口に入れて飲み込んでしまえ」という豪快なところがあります。

動物でいうとヘビやワニ、カエルなどの爬虫類や両生類タイプです。動いている気になるものを、口を「パカッ」と開けてとりあえず丸飲みしちゃう。多少は危険な匂いでも「おいしそう」と感じるところがあるのです。

全員が反対する変な人が好き

「胃袋タイプ」の人は他の多くの人が持つ「直感」とは別のタイプの直感を持って生きていることに最大の特徴があります。

たとえば、恋愛などでも「その人だけは絶対にやめておけ」と周囲の人が全員反対する人を好きになることがよくあったりします。変な人が好きなのです。このタイプの人が好きになるのは、表面的に人当たりが良いとか、みんなに好かれているとか、そういう「コミュニティーの中で善良で、安全な人」よりも、乱世でこそ輝くというか「特殊な状況ではすごく活躍するだろうけど、普段の生活の中ではポンコツな面もある」という人にすごく惹かれるのです。

「ノルかソルか」と人生を博打のように考えているところがあるので、「ものすごく大きな学びになるか、それともまったくなんにもならず、むしろマイナスになるか」という、両極端の体験を求めます。

マイナス100点か、プラス100点を望む。平均的な70点の出来なら「恥」と考えるのです。

不可能を可能にする体験を求める

お笑いの芸人さんがよく口にする「おいしい」という状況があります。それは、大失敗をするか、大成功をするかによって、自分たちの芸を見てくれる人の記憶に残ることを意味します。「普通に喋り、普通にしている」という人だと、思ったよりも「記憶に残る」

まではいきません。でも、極端に振れ幅が激しい行動って、「え、なんでそんなことするの?」と良くも悪くもインパクトが強いのです。胃袋タイプの人はそういう状況を好み、「平穏無事に終わりそう」になったときに自分が飽きてしまうので、自ら進んで状況を破壊して、カオスや予想外の出来事を残そうとすることもあります。

「次の瞬間にどうなるかわからない」という予測不能な状況に一番燃えるし、ゾクゾクするのです。その状況になったときに極端に集中して、「これは全力でいかないとやられる」と自分を追い込んで、自分の潜在的な力をすべて発揮する。そんな「不可能を可能にする」という体験をすごく好みます。

マイナスの状況を「おいしい」と思う

人生の中で表舞台から姿を消している、いわゆる潜伏期間中であったり、下積みをしていることがよくあります。このタイプの人たちの働きかたって、いわゆる加算式でだんだんと給料が上がっていくという形じゃなくて、「5年目までバイトで食いつないでいたのが、6年目にブレークして一気に収入が10倍になる」とか、そういうことが多いです。

なんでそんな奇跡を起こすことが可能なのか。それは、マイナスの経験もとことんものにするからです。普通のプライドを持っている人だったら、「マイナス30の経験」をしたら「なんで私がこんなことをしなければいけないのか」と怒って辞めてしまいます。でも、胃袋タイプの人は「マイナスならマイナスで、とことんやってみよう。ワクワク」と、自分をネタにすることで「その期間にしかできない体験」をすごく楽しんでしまいます。1か月3000円で暮らしていたとか。

自分にとって大切な目標を持ち、それ以外はどうでもいい。破れた服を着ていようとも、それで笑われるのなら、それはそれで「おいしい」という感覚を持っているのです。

人生の大事な決断は思いつきで丸飲み

胃袋タイプの人の大事な決断は、思いつきです。

というのは、このタイプの人は「自分が得をしよう」と思ってあれこれ考えるとすごくしょうもない選択をしてしまうことが多いのです。「苦労が多いかもしれないけど、いろいろなことが学べそうだな。ネタになりそうだし」と思ったことを〝噛まずに丸飲みしてしまう〟ようなところがあります。

だから、周りの人もこの人の決断は「間違っている」と思うことが多いです。でも、年数が経つに従って、この人が選ぶオリジナルな決断こそが、この人の人生を彩っていくことに気づいていきます。

とがっていて、集団には属していなくて、すべてがオリジナルなのですが、自分の学びがある分野に関しては驚くほど素直です。好き嫌いをハッキリ言い、好きな人に土下座してでも教えを乞う姿勢は、同じようにアクが強い人の心を動かしていきます。

「得をしようとするな。今まで学べなかったことが学べたらいい」と腹を決めて選んでいくと、いろいろな扉が開けます。かなり特殊なタイプで、思うようにいかないことも多くありますが、苦難を「おいしい」と思って飲み込んでいってしまうたくましさがあり、魅力的な人が多いです。

胃袋タイプの人を知る10の特徴

①驚いたときに声はあまり出さずに、目をカッと見開いている。

②Instagram などのＳＮＳでは、とことん長い文章を書くことが多い。単なる写真や一言の記憶ではなくて、そのときに自分がどう感じたか、または今やこれからを

生きていく覚悟などを書き連ねる。あと、写真が客観的に見ても多少「暗い」印象がある。

③自分のテリトリーをすごく強く持つ人だからこそ、パーソナルスペースに急に入ってくる人が苦手。人やモノを完全に「観察対象」として見ているところがある。好き嫌いがかなり激しい。自分の世界観を持っている人が好きで、「歯磨き粉だったら絶対〇〇しか使わない」とか、その人のこだわりや世界観に基づいた、偏見だらけの理論を聞くのが好き。

④自分の世界を持って、成功も失敗も全部体験していきたい。「こうやってみると、こうなるのか」と、どこか自分のことも「他人事」のように観察しているところがある。そういう意味で「あなたは絶対にこうしたほうがいいよ」などと他者からアドバイスをされると、「はい、絶対にやりません」と心に決めたりする。他人から心配されたり、決めつけられることにものすごく強い抵抗を示す。

⑤単独行動を好むため、誰かと一緒に長時間いることや、集団行動はかなり苦手。宿

泊先のホテルも家族やパートナーと別々の部屋にすることを好む場合もある。「一日の終わりは、自分ひとりの思索で締めくくりたい」という感覚がある。みんなと一緒にいても「私に話しかけてはいけませんよ」というオーラを思い切り出していることが多い。

⑥自分が望んだカオスを味わってみたい。いわゆるマニュアルや「みんなこうしている」という話に一切乗っからないで、自分で思いついたことをやってみたい。やってみた結果でうまくいかないことがあっても、それも自分にとって「貴重な実践のデータ」にする。気晴らしは苦手で、苦しいことでも楽しいことでも、自分が「向き合いたい」と思ったことにとことん集中して向き合っていく。好きなことはそれこそ寝食を忘れて、健康を害すまでやり続ける。

⑦対人関係は20代まではとにかく人前で満足に喋れないとか、コミュニケーションが苦手な人が多い。得意分野については2時間ぐらい話せたりする。ただ、恥をかく経験をしたり、自分で「痛みや恥ずかしさを伴う実践データ」を積み重ねていくうちに、人を包み込むような、思いやりにあふれたコミュニケーションをするように

なってくる。30、40代に入ってからのほうが丸くなる。

⑧好んでカオスな状況になることを望む。恋愛でも「どう考えてもその人と付き合っちゃダメでしょ」というような、刺激的なダメ人間を好きになったりする。「この人と一緒にいるとどうなるんだろう」と、展開が予測できないような状況にゾクゾクする。このゾクゾク感のために生きている。

⑨人生の中で何年間かは表舞台から姿を消していることがある。いわゆる下積みを重ねていく時期がある。「普通の生きかた」を求めるとなぜかうまくいかなくなることが多くて、何かに吹っ切れて「私はこれを極めていこう」としていくと、急に道が開けたりする。「誰かの下で学ぶ」ことがなかなか難しく、自分で考え、自分で動いて、自分で失敗もしていく。精神的にはどこにも属さないで、自分の信念でやっていくと決意することが人生で何回かある。

⑩動物でいうとヘビやワニ、カエルなどの爬虫類や両生類。獲物が見つかるまではのそのそと沼地に潜っていたりするが、何か面白い動きをするものが現われたときに

一気に食らいつく。視力よりも振動や気配で物事を感じ取り、薄暗い場所や角部屋みたいなところが大好き。ベッドの上よりも地べたに近いほうが好きなど、変わった環境を好む。

独自のシステムをこつこつ作る「頭脳タイプ」

五感の中で頭脳の感覚に偏っている人、つまり頭脳タイプの人は「知らないものを理解したい。押し付けられるのは嫌」という特徴があります。

仲良くなるまで何を考えているかわからない

頭脳タイプの人の一番大きな特徴は、一緒にいる人に「何を考えているかわからない」と思われることです。ちょっと天然が入っています。どういう種類の天然かというと、周りの会話の流れがどうなっていようが、今の自分が喋りたいと思うことがあれば喋るという自由さがあるのです。でも、その行為が多少周りの空気を壊すことも知っているから、本当に信頼ができる関係性になるまでは、我慢したりします。あと、とにかく自分の専門分野に関してはものすごく強いです。どんな難題もギリギリまで知恵と耐久力、そして経験値を活かして突破していきます。でも、自分の専門外のこと、もしくは「関心がないこと」に関してはとにかくやろうともしないことが多いです。

何か調べ物をしたり、また、得意分野についての専門知識に関しては他の人の追随を許さないほど優秀です。でも、自分で決めた計画以外に「突然の予定の変更」などを持ちかけられるのをすごく苦手とします。臨機応変にできないわけではないけど、「もう一度自分なりにプランをゼロから練り直してみる」ぐらいに労力をかけます。「テキトーにやっておいてよ」とか主観的で、感覚的な指示は嫌です。「どの程度の完成度を求められているのか」を明確にしたいのです。

平和主義で険悪な空気は苦手

夫婦でもカップルでも、ふたりの間でちょっとした喧嘩が起きたとします。「なんでいつもジュースの蓋を開けっぱなしにするの？　また私こぼしちゃったじゃない。だいたいあなたは」って展開になると、頭脳タイプの人は「ごめんごめん、あ、それで今度の旅行どうなったっけ？」と話を切り替えようとします。繊細な感覚の持ち主で、「自分が集中している物事以外に、他人の集中や常識、そして正義を押し付けられる」のが若干苦手なところがあります。

それってどうしてかというと、相手の常識や正義を押し付けられると、「自分が今まで築き上げてきたシステム全部を入れ替えなければいけなくなる」という衝撃を覚えるからなのです。そこには「エンジニア的な感覚」が強く働いています。「他人からの指摘によって、そのシステムを変えるためには膨大な時間と労力がかかる」という恐怖感。だから、話を聞いているふりをするか、なんとか相手の関心がその話から逸れるように願ったりします。そして、この感覚っていわゆる「男性脳」と呼ばれている人は、一定以上持っている部分なのです。

頭脳タイプの人がすごいのは、時間をかけてこつこつと自分のシステムを作っていくところです。年齢が若い頃から集団生活が苦手なところがありますが、なんで苦手かというと、集団生活というのはそのグループにいる権力者の顔を立てなければいけなかったり、人の好き嫌いによって、能力以外のところで優劣が決定されてしまうところがあるからなのです。

なので、集団生活からは少し距離を取り、自分が美しいと感じる世界、自分がこの先も追求していきたいと思う世界を黙々と開拓していきます。たとえば、音楽が好きな子が誕生日プレゼントでキーボードをもらったら、その3年後にはキーボードを3台組み合わせて演奏をするようになったり、かなりマニアックに技術や世界観を進歩させていきます。

好きな世界を見つけて無敵の強さを発揮する

頭脳タイプの人は個人主義的で、ある程度自立しています。動物にたとえようとしてもちょっと難しくて、「宇宙から来た人」という感じがあります。こういう言いかたはどうしても怪しくなってしまうのですが、「波長が合ったものや音や色」などに共鳴し、好きになっていくからです。

健康などについても自分で体調のデータを作ったりして、ネットで体に良いお茶とかを取り寄せて飲んだりしています。仕事でも私生活でも自分が好きな世界を見つけたら、ずっとそれに取り組んでいきます。好きな歌手を見つけたら、その歌手が影響を受けた音楽家や、その歌手の個人史、ライブにおける演奏の違いなど、「もっと知りたい」という動機のもと、全部を網羅していきます。

平均的に、常識的にいろいろできるというよりは、何かに特化した天才性を発揮していく人が多いです。だから、周りの人たちとうまくやりたいと思ったら、多少「へー、そうなんだ。そういうことを言われたんだ。よく頑張ったね」とか、相手の話に共感する練習をしていけば鬼に金棒になりますよ。もちろん、共感はしているのですが、それをオーバーリアクションで表現するのが苦手なのです。

頭脳タイプの人を知る10の特徴

①驚いたときは静かにフリーズしている。その結果「ちょっと話聞いてる？」と相手に詰められたりする。あとは、困惑した表情で、「そんなこと急に言われても困る」というメッセージを訴えかける形で「え～」と力なくつぶやく感じ。

②Instagramなどでは、動物の写真が多い。あと、「みんなと一緒にいて、みんながインスタに載せるから私も集合写真を載せる」というような、いわゆるお付き合いで載せることも多い。自分自身のことについて秘密主義であり、あんまり他人に突っ込まれたくないから私生活は秘しておきたい願望がある。でも、「筋トレ56日目」とか、自分の研究ノートとしてSNSを用いることが多い。急に「自動食器洗い機が欲しい」とか思いついたことをボソッと書いたりもする。

③楽しい感情や、喜怒哀楽がクルクル入れ替わる人が好きでもある。でも、激しい感情や「こうすべき」という感覚を押し付けられるのが苦手。「それをやることによるメリットはなんなの？」と冷静に問い返したくなる。ただ、その人が持っている正義や夢については応援してあげたい気持ちがある。どんなに仲が良くなっても、「ここには勝手に入ってこないでください」という自分の仕事や趣味の聖域がある。

④手触りにすごく敏感。潜在的に潔癖症の感覚を持つ。苦手意識があるモノを触ったり、苦手な人が近づいてきたりすると、その「肌感」とか「つば」とか「汗」の感覚が苦手で、距離を取ってしまったりする。スキンケアと、健康の維持に関しては自分なりの哲学を持つぐらいに関心がある。

⑤研究心が駆り立てられない人や物事に関心がない。そういう意味でパズルゲームなど、「この攻略法が試せるかも」とアイデアを試せるものに関してはいくらでも飽きずにやっている。自分の世界にはない考えかたを、楽しそうに話す人に好意を寄せる。自分なりのこだわりや仮説がない人には惹かれない。

⑥いわゆる「趣味の悪さ」を持つ。人に「なんでそんな服着てるの？」とか「なんでそんな映画観てるの？」とか「なんでいっつもそれ食べてるの？」とかと疑問を持たれるような、いわゆるゲテモノみたいなものを深く愛し、「これをすると生き返る」という自分だけの世界を持っている。

⑦笑ってごまかすことが多い。普段は真面目で、関心を持ったことに真剣に向き合っているけど、苦手なところを突かれたときには「いやぁ、そうかなぁ」と言って笑ってごまかすことが多い。笑いかたがかわいい人が多いので、それをやられるとやられたほうも思わず許してしまう。

⑧ＬＩＮＥやメールの返信は短い。「何時に帰ってくる？」と聞かれたら「8時」とか。その会話に派生して「帰りに何か買っていこうか？」とたずね返すなどはない。でも、「帰りにお豆腐を買ってきてください」とミッションを伝えると「了解」と言って買ってくる。できれば銘柄とかも指定してあげてください。

⑨旅行が苦手だったりする。旅行というのは「仕事から解放されて、プライベートを

楽しむ」という解放の時間。でも、その「解放」の時間が苦手で「何をしていいのかわからない」と困惑してしまう。だから、「この旅行はこういう目的で行く」とか「お昼から午後3時までは仕事のことを考えてもいい」となると、かえってリラックスできる。完全なOFFは苦手で、OFFの時間の中にも少しのONを抱えていたほうが安心できる。要は仕事人間やワーカーホリックといわれる人たち。

⑩他人には無関心。「そういうわけでさ、私の彼ね、こんなことやったんだ。ひどいと思わない？」と言われても「ふーん」で終わることも多い。自分のミッションは自分で取り組まなければ、解決も改善もされないし、他人に同意を得ようとする時間は無駄であるという価値観を持っている。逆に、世間話でも「たぶん彼のシステムってこうなっているんじゃないかと思うわけよ。私の仮説はね」って、システムとか仮説という言葉には心を動かされる。

五感で幸せを感じる瞬間を作る

いつも思うのですが「幸せ」って言葉、ちょっと重くないですか？

「幸せ」という言葉を使うときって、「いろいろなことに不安がなくなって、自分に自信もあって、味方が多くて、外部の環境もすごく自分にとって有利に進んでいる」とか、そういう「好条件の連発」がなければいけないような感覚が個人的にあったりするのです。

そして、いろいろな失敗や不安が重なって、「私、幸せになれんのかなぁ」って星空を見つめてしまうこともあります。

僕はちょっとここで「幸せ」というものに関してハッキリとお伝えしたいのが、たしかにこの世には幸せな人たちっています。そういう「幸せな人たち」って、旦那の年収が5億円とかではなくて、おそらく「幸せを感じるのがうまい人」だと思うのです。

「あーそういうこと、占いやっている人とかよく言うセリフですよね」と言って、この本を閉じて遊びに行こうとしたあなたは、もうちょっとだけ読んでみてください。詭弁として言いたかったわけではないのです。

幸せは、幸せを呼びます。

そして、幸せを呼ぶ「幸せの種」って、すごく小さな出来事の積み重ねでいいのです。たとえば夏の休日のお昼に、冷やし中華に入れる野菜を切って、その切り口にちょっと鼻を近づけて、切ったばかりのみずみずしい香りを嗅ぐ。おそるおそる初めて入ってみた喫茶店で、入った瞬間に珈琲の豊かなを香りを鼻いっぱいに吸い込む。綺麗に生え揃った庭の花を見る。

そういうときに「あー、幸せ」とつぶやいてみてください。

幸せって、立ち止まらないと感じられないものなのです。

どんなに綺麗な景色を見たとしても「えーと、帰ったら明日のスケジュールをチェックしないといけないな」と、次のタスクが頭に詰まっているときって、「今の自分の想像や容量を超える、特別に刺激的な幸せ」以外のものには反応できなくなるのです。

ちょっと怪しい言いかたに聞こえるかもしれないけど、自分の幸せって五感で見つけるものです。

そして、**「あー、こういうのいいなぁ」という状態を、五感のどこかでしっかりと感じ取って、「今、素敵な時間を味わいました」と、自分自身やそばにいる人に向かってきちんと報告すること**だと思うのです。

少しだけ足を止めて、自分の五感で小さな幸せを味わった人って、何かやさしい気持ちで誰かに話しかけたくなったりします。

幸せって、それを受け取ったあなたから、あなたにとって大事な人に受け渡されていくものだから。

しいたけ.
について
自己紹介

猿蟹合戦の夜

申し遅れましたが、ここで少しだけ自己紹介をしたいと思います。
10年ほど前から「しいたけ」と名乗って占いをしてきたのですが、最近は「しいたけ.」というペンネームで文筆活動をしています。

先日、ずっと僕にとって憧れだった糸井重里さんと対談させていただく機会がありました。このときの記事は『ほぼ日刊イトイ新聞』に載っているので、お時間のあるときにお読みいただけたらと思います。

僕は人見知りで、仕事で初対面の方にお会いするとき、いつも部屋の隅のほうでモジモジしてしまいます。それにもともと人に顔を見せて活動していないこともあって、よくスタッフのひとりに間違えられるのです。糸井さんも最初、僕のマネージャーをしいたけ.だと思って名刺を渡していました（笑）。ごめんなさい。

対談の中で糸井さんが興味を持ってくださったのが、占いとか文筆とか、そういう仕事をしている今の僕じゃなくて、今に至る前に「どういう生活をしていたのか」ということでした。ざっとそのときにお話したのは、

・僕が学生時代に誰とも話せなくて、ずっと自室の畳と喋っていた話
・同じく学生時代になんとか女の子と話したくて、でもそれが自分にとっては難易度が高すぎて、休日に公園でカップルの隣のベンチに座ってテープ起こしをしていた話

などだったのですが、せっかくなのでこれらの話を自己紹介代わりにしたいと思います。

たぶん、僕は3歳ぐらいのときにもよだれを垂らして「あー」とか「うー」とか言っていたのですが（親や親戚などの証言）、それから月日が経ち、18歳を過ぎても「あー」とか「うー」しか言わない青年に育っていきました。それでも大学に入って憧れのキャンパス生活がはじまると、学校の人たちに「宅飲み」に誘われることもあったのですが、そこでも「あー」ぐらいしか喋れず、その帰り道に「さすがに独自の道を行きすぎてマズいぞ」と思ったのです。

そこで僕は毎週土曜日に公園に行って、ベンチに座っているカップルに近づき、その会

話を盗み聞きしてノートに書き取るという訓練をはじめました。会話の型をそっくりそのまま覚えて喋ってやろうと考えたのです。

男→「○○」と言って笑いを取りにいく。
女→ウケない。それよりもたぶん、このあとの予定を気にしている。
あれ、女の子、泣いた!? なんで!?

ベンチの男の子と共にまったく関係のない僕も驚いたりしながら、自分が聞いた話や感じたことを大学ノートに書き続けました。ちなみに大学ノートには、古代ローマ帝国のマルクス・アウレリウスという皇帝にならって『自省録』と名づけました。この〝じいたけ自省録〟は10年ぐらい続けて、結局全60巻ぐらいになっています。

こういうくだらない体験談の中でも糸井さんにバカ受けしたのが、大学3年のときに好きになった子の話です。その子はすごい読書家で、面白い本を僕に貸したりしてくれました。そのやりとりで彼女のことを完全に好きになっていた僕は、今まで家の畳とか、ナマズとか、雑草とかとしか話してこなかった自分を呪い、なんとか好きな人とコミュニケーションを取れるようになりたいという気持ちの末、先ほども話した「公園でカップルの隣に座って会話をノートに書く」などの活動をしていました。

その子とは少しずつ仲良くなって、何回もアタックしたのですが「付き合っている人がいるから」という理由で断られ続けました。

そんな日々を過ごす中、ある日考えられないぐらいのビッグチャンスがやってきました。学校の行事で飲み会があったのですが、珍しくその子が飲みすぎてしまい、足もとがおぼつかないので、誰かが「この子と同じ方向に帰る人いる？」とみんなに問いかけたのです。なんと、手を挙げたのは僕ひとりでした。

夜、人があんまりいない電車にふたりで乗ったら、その子は僕の肩に頭を載せてスースー寝はじめました。恋愛偏差値が高かったら、穏やかな顔でその子の寝顔を見守っていたでしょうが、僕の頭の中には「緊急事態！　緊急事態！」とサイレンが鳴り響き、「どどどどどうしよう」と思いながら彼女が住む町の駅で一緒に降りました。

「肩を貸してください」と言われて、そろそろ冬に入っていく「シン」とした商店街をふたりで歩きました。しばらくすると「何か話してください」と彼女が言いました。もう、なんの話でも良かったはずです。

「何か話してください」。そう振られた僕はパニックに陥った挙句、

「〝猿蟹合戦〟についてどう思う?」

と聞きました。その日の昼間、『猿蟹合戦』の蟹の復讐は、最後に臼《うす》が猿を押しつぶしたりして、「ちょっとやりすぎなんじゃないか」と考えていたからです。

その話をした途端、僕らの周りの空気は一段と寒さを増し、彼女は「あ、もう大丈夫です。ここからはひとりで帰れますから」と手を振りほどいて去っていきました。

僕は寒空にひとり立ち尽くしました。自分の脳みその中を必死で探して出てきた話題が『猿蟹合戦』であることを悲しみながら。

今でもたまに、この「猿蟹合戦の夜」を思い出します。あのときもうちょっとうまい話ができたら、今立っている場所に自分はいないんじゃないかって。あれがあったから今があるのかもしれないし、それはもう想像の遊びです。でも、なんとなく思うのが、あのときうまく話せなかったことは、時間が経って僕の中では宝物の一部になっているのです。

僕がいつも関心を持つのは、人が持つ弱さについてです。弱さって、どの人も他人の前では話せないし、なかなか出せないものなのです。

たとえば、一家のお父さんなら、朝ネクタイを締めて、頼まれていたゴミをゴミ捨て場に出して、通勤の電車に乗り、会社に着いて働いて……なんか今日に限ってミスが多かったり、後輩の成功話を聞いてモヤモヤしたり。そして家路に就く頃には「もうそろそろ12月か」とつぶやいて、「なんか俺、成長してねーな」とか言ってしまうときの姿に関心があります。

気持ちを切り替えて「ただいまー！」と家に入って見せる笑顔よりも、誰も見ていないところでひとり公園のベンチに座り、買ってきた飲み物を一口飲んだあと、思わず漏れてしまう「本音」のほうが聞きたい。僕が占いという仕事をしているのは、そんな理由からでもあるのです。

みんなと一緒にいるときの私。そして、誰かと一緒にいるときの私。どちらも大事な「私」です。でも、僕はどうしても「ぽつんとひとりでいるときの私」の姿が好きなのです。

この本も「ぽつんとひとりでいるときの私」に向かって話しかけながら書きました。

おわりに

昨年も12月に本を出させてもらったのですが、今年もこの暮れに本を出版することができて、とても幸せです。

僕は、季節の中で一番冬が好きなのです。その理由って、街にいる人たちの歩くスピードが速くなるからなのです。

冬は、夏と比べて「カッカッカッ」と歩いていかないと寒くてしょうがない。だから、春や夏、秋だったらいろいろなところに寄り道をしてもいいけど、冬ってある程度目的を持ってみんな歩いています。そして、風の冷たい外から安心できる場所に行って仲間に会ったりすると、寒さと共にあった緊張感がぽっと取れて、「元気だった〜？」と満面の笑顔になるような、そういう瞬間が好きなのです。

冬は周りの景色から伝わる音が静かになります。もしかしたら、身を縮こまらせているから、音が小さく聞こえるのかもしれません。

冬は、静かに自分を振り返る時季でもある。そんな季節に、みかんでも食べながら、ぼーっとしながら、しいたけ．が書いた本をそばに置いてもらえるのが僕の幸せなのです。

恋愛についてのエッセイを読みながら「はー、そんなことあったわ」と悪態をついていただき、金運について書いてあるところは妹や弟と奪い合いながら読んだり、続きは眠いから明日読もうとしてもらったり。

もし良かったら、この本を読んで自分を振り返ることがあっても、そこで自分を責めるよりは「まぁ、私なりによくやったよな」と、褒める方向でいてほしいのです。だって、いろいろなことがあったとしても、あなたは今ここにいるわけだから。

「○○しなきゃ」とか「○○にならなきゃ」って努力をして、恥をかいて、思うようにいかなくて苦しいときもあったと思います。自分の次が見えなくて焦ってしまった日もあったかもしれません。でも、今のあなたは少しだけ自分を褒めて、ほっこりしてほしいのです。

寒い冬だからこそ、みんなで少しだけ自分と相手を許し合う。そして、「来年はこうしたいね」という立派な目標だけじゃなくて、「おいしい大福を食べに行きたい」とか、そういう緩い来年のイメージもしてみてほしいのです。

今年一年も本当にお疲れさまでした。あなたが無事に2018年の暮れを迎えることができたことを、あなたが知らないところで喜んでいる人がいて、あなたに会いたいと思っている人たちがいると思いますよ。みんなで少しだけ自分に甘い夜を過ごして、今日まで無事にいられたことに感謝をする。

そんな良い年末のお供として、この本があなたのそばにいられたら嬉しいです。

読んでくれてどうもありがとうございます。

しいたけ.

2018年12月

＊本書はおもに書き下ろしです。「しいたけ.のブログ」「しいたけ.note」に発表したテキストを、加筆修正したものが一部含まれています。

しいたけ.

占い師、作家。早稲田大学大学院政治学研究科修了。哲学を研究するかたわら占いを学問として勉強。2014年からウェブマガジン『VOGUE GIRL』で連載開始し、毎週更新の「WEEKLY! しいたけ占い」で注目を集める。現在は「note」で月間占いやコラムを発表し、作家として活動の幅を広げている。名前の由来は、唯一苦手な食べ物が「しいたけ」であり、それを克服したかったから。著書に『しいたけ占い 12星座の蜜と毒』『VOGUE GIRL しいたけ占い2018 12星座と愛のさじ加減』(ともにKADOKAWA)などがある。「しいたけ.」は個人として執筆する際のペンネーム。

* 「WEEKLY! しいたけ占い」 https://voguegirl.jp/horoscope/shiitake/
* しいたけ.note https://shiitakeofficial.com/
* しいたけ.のブログ https://ameblo.jp/shiitake-uranai-desuyo/
* しいたけ.Twitter @shiitake7919

装画・扉
Haneno Suzuki

イラストレーション
tarout

ブックデザイン
鈴木成一デザイン室

しいたけ.の部屋《へや》

ドアの外《そと》から幸《しあわ》せな予感《よかん》を呼《よ》び込《こ》もう

2018年12月15日　初版発行

著者　しいたけ.

発行者　川金正法

発行　株式会社KADOKAWA
〒102-8177 東京都千代田区富士見 2-13-3
電話 0570-002-301（ナビダイヤル）

印刷所　図書印刷株式会社

KADOKAWAカスタマーサポート
［電話］0570-002-301（土日祝日を除く11時～13時、14時～17時）
［WEB］https://www.kadokawa.co.jp/（「お問い合わせ」へお進みください）
※製造不良品につきましては上記窓口にて承ります。
※記述・収録内容を超えるご質問にはお答えできない場合があります。
※サポートは日本国内に限らせていただきます。

定価はカバーに表示してあります。
 ISBN 978-4-04-602430-5 C0095